河南省

农村集体经营性建设用地入市研究

潘 涛 ◎ 主 编

罗 颖 葛利玲 王争艳 潘裔莎 ◎ 副主编

经济管理出版社
ECONOMY & MANAGEMENT PUBLISHING HOUSE

图书在版编目（CIP）数据

河南省农村集体经营性建设用地入市研究/潘涛主编．—北京：经济管理出版社，2023.5
ISBN 978-7-5096-9091-8

Ⅰ.①河… Ⅱ.①潘… Ⅲ.①农业用地—生产性建设用地—土地市场—研究—河南 Ⅳ.①F327.61

中国国家版本馆 CIP 数据核字（2023）第 112889 号

组稿编辑：申桂萍
责任编辑：申桂萍
助理编辑：张　艺
责任印制：许　艳
责任校对：王淑卿

出版发行：经济管理出版社
（北京市海淀区北蜂窝 8 号中雅大厦 A 座 11 层　100038）
网　　址：www.E-mp.com.cn
电　　话：（010）51915602
印　　刷：唐山玺诚印务有限公司
经　　销：新华书店
开　　本：720mm×1000mm/16
印　　张：9.5
字　　数：121 千字
版　　次：2023 年 5 月第 1 版　　2023 年 5 月第 1 次印刷
书　　号：ISBN 978-7-5096-9091-8
定　　价：58.00 元

前 言

土地是地表某一地段包括地质、地貌、气候、水文、土壤、植被等多种自然要素在内的自然综合体。土地作为一种重要的生产要素，其在不同经济部门或行业中的配置是否合理，对整个国民经济的发展有着非常重要的影响。改革开放以来，我国城镇国有土地使用制度改革取得了巨大的成就，建立了比较完善的市场运行体系。但是，绝大部分集体土地在国家法律、法规的限制下不能进入土地市场，使用权的流转受到严格限制，农村集体建设用地使用制度的改革仍限于少数试点地区，没有形成全国性的规范的运行机制，这导致农村集体建设用地流转发展滞后，缺乏有效的约束。

随着城镇国有土地使用制度改革的深化和城镇化、工业化进程的加速推进，集体建设用地自发进入土地市场隐性流转已成为一种普遍现象。如何正确地引导农村集体经营性建设用地进入市场并进行规范、有序的流转成为土地管理部门面临的十分紧迫且重要的任务。农村集体经营性建设用地的入市问题已经成为推进土地使用制度改革、建立并完善土地市场面临的主要问题。农村集体经营性建设用地入市问题关系到“三农”问题的有效解决，关系到新农村建设和乡村振兴等的顺利进行。因此，从理论和实践的角度阐释农村集体经营性建设用地入市的历史演变过程，科学把握农村集体经营性建设用地入市的内在运行机理，并在此基础上建立完善的调控机制，以提高土地资源配置效率，是政府部门和学术界十分关注和迫切需要解决的重大问题。

本书以河南省农村集体经营性建设用地为研究对象，通过对河南省长垣市、巩义市、新郑市，广东省佛山市南海区，贵州省湄潭县，四川省郫县等进行调研，运用制度经济学理论对当前农村集体经营性建设用地入市现状、动力机制进行了分析，通过理论研究与实证研究相结合的方法，探讨其存在的主要问题及制约因素，提出规范河南省农村集体经营性建设用地入市的对策和建议。本书的研究内容包括以下几个方面：

第 1 章，绪论。本章主要介绍了农村集体经营性建设用地入市的研究背景、研究意义、国内外研究综述、研究内容与方法及创新点。

第 2 章，河南省农村集体经营性建设用地入市（流转）现状及存在的问题。本章在调研的基础上，总结了河南省现行农村集体经营性建设用地流转方式、流转特点及存在的问题，结合农村集体经营性建设用地入市制度改革试点——长垣市的市情、历史流转的现状以及入市试点工作开展情况，提出长垣市农村集体经营性建设用地入市存在的问题。

第 3 章，农村集体经营性建设用地入市的制约因素和动力机制分析。本章从权能缺位、土地产权制度不完善、直接入市风险较大等层面阐述了农村集体经营性建设用地入市的制约因素，然后分别从入市的原动力、外在动力、客观原因和直接诱因等方面分析农村集体经营性建设用地入市的动力机制。

第 4 章，集体经营性建设用地入市土地增值收益分配机制研究。本章提出集体经营性建设用地入市主体参与土地增值收益分配的形式，确定各分配主体的分配比例，同时还要不断完善土地增值收益分配的实施机制，以确保土地增值收益在各参与主体之间公平、合理地配置。

第 5 章，农村集体经营性建设用地入市权益主体行为及意愿分析。本章分析农村集体经营性建设用地入市中的权益主体及其利益冲突，并选取长垣、新郑、巩义三地农户为研究对象，对农村集体经营性建设用地入市过程中农户的认知、需求、接受意愿及影响因素进行分析。

第 6 章，探讨河南省农村集体经营性建设用地入市模式。本章依据研究成果，并结合南海、湄潭、郫县、长垣、新郑、巩义等地在集体经营性建设用地入市试点中形成的经验，创建适合河南省的入市模式。

第 7 章，河南省农村集体经营性建设用地入市对策和建议。本章依据平等、自愿、有偿及同地同权同价原则，提出重构经济组织、界定入市范围、明确入市途径、完善价格机制、加强公共参与、强化监督机制、统一城乡市场、培育中介机构、合理分配收益等对策建议。

目　录

1 绪论

1.1 研究背景和意义

1.1.1 研究背景

土地作为一种重要的生产要素，其在不同经济部门或行业中的配置是否合理，对整个国民经济的发展有着非常重要的影响。随着我国社会主义市场经济体制的逐步建立，市场体系的不断发展和完善，土地作为市场中的一种特殊商品，必然要受到市场机制的调节。改革开放以来，我国城镇国有土地使用制度改革取得了巨大的成就，建立了较完善的市场运行体系。但是 2020 年《中华人民共和国土地管理法》颁布前，集体土地在国家法律、法规的限制下不能进入土地市场，使用权的流转受到了严格限制，农村集体建设用地使用制度的改革仍限于少数的试点地区，没有形成全国性的规范的运行机制，这导致了农村集体建设用地流转发展滞后，缺乏有效约束。

事实上，随着城镇国有土地使用制度改革的深化和城镇化、工业化进程的加速推进，集体建设用地自发进入土地市场隐形流转已成为一种普遍现象。面对集体建设用地流转的发展趋势，我国也在制度方面进行了有益的探索。1999年，国土资源部将安徽芜湖确立为全国第一个农民集体所有建设用地流转的试点地区。2000年，国土资源部又在芜湖、苏州、湖州、安阳等9个地区进行了集体建设用地流转的试点工作；2002年，安徽省政府出台《安徽省集体建设用地有偿使用和使用权流转试行办法》；2004年，《国务院关于深化改革严格土地管理的决定》（国发〔2004〕28号文件）中提出“在符合规划的前提下，村庄、集镇、建制镇中的农民集体所有建设用地使用权可以依法流转”。2005年，广东省政府也通过了《广东省集体建设用地使用权流转管理办法》。2008年，党的十七届三中全会通过的《中共中央关于推进农村改革发展若干重大问题的决定》明确指出，“逐步建立城乡统一的建设用地市场，对依法取得的农村集体经营性建设用地，必须通过统一有形的土地市场、以公开规范的方式转让土地使用权，在符合规划的前提下与国有土地享有平等权益”。2013年，党的十八届三中全会通过的《中共中央关于全面深化改革若干重大问题的决定》明确提出，“在符合规划和用途管制前提下，允许农村集体经营性建设用地出让、租赁、入股，实行与国有土地同等入市、同权同价。缩小征地范围，规范征地程序，完善对被征地农民合理、规范、多元保障机制。扩大国有土地有偿使用范围，减少非公益性用地划拨。建立兼顾国家、集体、个人的土地增值收益分配机制，合理提高个人收益。完善土地租赁、转让、抵押二级市场”。这是城市化发展的大趋势，也为农村集体经营性建设用地进入市场指明了发展方向并提供了契机。2020年1月1日正式颁布实施的《中华人民共和国土地管理法》第六十三条明确规定“土地利用总体规划、城乡规划确定为工业、商业等经营性用途，并经依法登记的集体经营性建设用地，土地所有权人可以通过出让、出租等方式交由单位或者个人使用，并应当签订书面合同”、“通过出让等方式取得的集体经营性建设用地使用权可以转让、互换、出资、赠与或者抵押”。

由此可见，政府正在逐步规范农村集体经营性建设用地入市流转，同时入市问题亟须深入、全面的理论研究，如何正确地引导农村集体经营性建设用地进入市场进行规范、有序地流转成为土地管理部门面临的十分紧迫而重要的任务。推进农村土地制度改革、建立合理的农村集体经营性建设用地入市模式和配套制度已成为当前政府和学术界关注的热点问题。

1.1.2 研究意义

社会经济的发展、城乡一体化建设的需要以及土地稀缺的事实，使农村集体经营性建设用地入市流转制度改革尤为迫切。农村集体经营性建设用地入市问题已经成为推进土地使用制度改革，建立完善土地市场面临的主要问题。农村集体经营性建设用地入市问题关系到“三农”问题的有效解决，关系到新农村建设顺利进行和农村诸多经济与社会问题的解决。因此，从理论和实践的角度阐释农村集体经营性建设用地入市的历史演变过程，科学把握农村集体经营性建设用地入市的内在运行机理，并在此基础上建立完善的调控机制，以提高土地资源配置效率，是学术界和政策部门十分关注也是急切需要解决的重大问题。

研究河南省农村集体经营性建设用地入市主要有两个方面的意义：一是理论意义。本书通过对农村集体经营性建设用地入市历史演变的挖掘，探讨农村集体经营性建设用地入市的内在规律，提出相关的调控措施和立法建议，从而为在农村实现土地资源的优化配置提供理论依据。二是现实意义。本书提出了河南省农村集体经营性建设用地入市模式与政策建议，为政府和国土资源管理部门制定土地政策、完善土地制度、解决农村集体经营性建设用地入市中存在的问题提供了指导建议，对推动农村土地使用制度改革、加快城乡统筹科学发展具有重要的现实意义。

1.2 研究综述

1.2.1 国外相关研究综述

在国外，大部分国家实行土地私有制度，市场经济体制较早地建立起来，土地市场也是城乡统一的，土地可以直接进入市场进行交易。所以在国外土地流转中，对集体建设用地使用权流转入市的研究相对较少，但国外对于土地流转这一领域的土地交易方向的研究非常多，如土地的买卖、租赁、抵押等，也产生了很多影响深远的成果。

关于土地产权的流转：马克思认为，经济流转是市场经济的必然结果，所流转的是经济价值。生产资料的分配和生活资料的分配，是经济流转中最主要和最重要的领域。土地既是最主要的生产资料之一，也是商品之一，土地本身虽然具有位置固定性，不能移动，但土地的权利是可以移动的。马克思对土地流转进行的研究较早，他的地租理论和土地产权学说是我国土地经济学研究的理论基础，对我国的土地使用制度改革发挥了重要的作用。

关于土地利用：现代西方经济学家认为，人们对土地的利用总是从优到劣依次进行。土地产品的价格必须等于使用最劣等土地进行生产所耗费的平均成本。美国著名经济学家伊利在《土地经济学原理》中明确提出了土地利用的社会目标：第一，财富的生产与分配的平衡；第二，自然资源的保护；

第三，增加有赖于土地利用的生活乐趣。

关于土地收益：土地收益理论认为，土地收益是指正常情况下的土地收益。所谓正常情况是指有较好的生产能力、正常的经营管理能力、正常的年份和处于最佳利用方向。土地具有多项用途，评估土地价格时，一般用其处于最佳利用方向的土地收益，是总收益扣除生产成本及一切赋税后的剩余值。如果土地的总收入刚够劳动力和其他费用的开销，则土地毫无收益，因此也没有地租可言。

1.2.2 国内相关研究综述

集体建设用地流转在20世纪70年代末就已出现，到了20世纪90年代，这种现象在全国各地特别是经济发展较快的地区已经相当普遍，国内对于农村集体建设用地流转方面的探索主要集中在两个方面：一是理论界对集体建设用地流转的产权、制度、法律关系以及流转收益的形成及分配等方面的研究；二是国土资源部门对这一新的改革措施的试点研究、可操作性研究。目前我国学术界对农村集体建设用地流转制度建设的必要性具有高度一致的认识，但是对农村集体经营性建设用地入市的理论研究还有待深入探索。

从2005年《中共中央　国务院关于推进社会主义新农村建设的若干意见》提出“统筹城乡经济社会发展”到党的十七届三中全会对“统筹城乡经济社会发展”的全新表述，再到党的二十大报告“着力推进城乡融合和区域协调发展”，无不体现国家领导层对于打破城乡二元结构，开放土地市场，让农民集体、失地农民享有完整的土地权利的决心。对农村集体建设用地入市问题的研究已成为实践部门和学术界关注的热点问题。当前国内对农村集体建设用地入市的研究主要包括以下几个方面：

1.2.2.1 关于集体建设用地入市时机的争议

部分学者支持入市，认为集体经营性建设用地入市能提高土地资源配置效率、保护农民权益、促进经济发展、推进土地制度改革。吴春岐（2013）认为国家垄断了土地一级市场，任何建设项目都必须使用国有土地，却封闭了集体建设用地进入土地市场的途径，应该打破国家垄断的局面，允许集体建设用地进入土地市场进行流转，但需要进行一定的限制。黄小虎（2013）赞成集体建设用地进入市场，并认为集体建设用地进入市场是征地制度改革的题中应有之义。集体建设用地与承包地一样，是广大农民最主要的财产。在市场经济条件下，财产权利在经济上实现的一个重要途径是市场交易（租赁或买卖）。陈贤秋（2008）认为，应允许集体建设用地入市，这样有助于提高资源配置效率，促进经济发展。

也有部分学者持谨慎态度，认为与集体经营性建设用地入市关联的法律法规有待健全、市场运作不规范、农民的权益容易受到损害、相关的配套措施并不完善等。顾海英等（2003）认为，在现有法律约束下，农民行使土地控制权的有限行为能力受到控制。张雪琴等（2006）认为，土地所有权归属不清，土地产权关系混乱，产权交易缺乏保障，利益分配关系混乱。部分学者担心集体建设用地使用权流转过程中可能会出现“无法可依”的局面，土地使用权限制过多，缺乏处分权和收益权等。集体建设用地难以入市，即便入市，在土地收益分配等问题上容易产生纠纷，损害农民利益。王晓霞等（2009）认为，集体建设用地存在所有权主体悬空、使用主体严格限制、权能残缺不全等诸多问题，相关配套措施不完善。朱新华等（2010）认为，市场体制的不完善、土地配置低效以及公共物品供给不足等，也制约着集体经营性建设用地入市。

1.2.2.2 集体建设用地入市动因分析

王权典（2008）认为，随着城镇化的不断加快，制造业、商贸业等蓬勃发展，在国有建设用地供给稀缺状态下，工业的持续发展和城市的再扩张使盘活集体建设用地势在必行，这为集体建设用地入市提供了机会。“入市”可以提高农村集体建设用地集约利用水平，集体经济组织可将节约下来的集体建设用地进行流转并获取利润。“入市”不仅是集体经济组织获取土地收益的主要来源，还可以使农民获取资产性收入——地租，这也是农民最稳定、最直接、最长久的收益保障。黄庆杰（2007）认为，随着经济的发展，城市化和工业化遭遇了空前的“地荒”。客观上，城市化和工业化的发展需要农村集体建设用地“入市”以缓解城市国有土地市场供求矛盾。事实上，农村集体建设用地隐形市场的存在和发展，充分说明了城市化、工业化对农村集体建设用地“入市”的利益动因的存在。徐祥临（2009）认为对于地方政府，流转能够减轻征地制度带来的巨大压力，缓解征用土地引发的社会矛盾，同时通过积极介入和加强管理，可以更好地分享土地流转带来的增值收益。

1.2.2.3 集体建设用地入市意义分析

刘守英（2008）认为，集体建设用地的直接入市，不仅可以有效降低企业用地成本，还能让地方政府获取土地使用费和企业税收，促进制造业向中西部转移，保证了我国制造业在全球的竞争力。徐祥临（2009）认为，这一制度创新承认了集体土地的商品性质，这是一个迟到的农村重大改革。从长远来看，它有利于降低城市化的成本。龚增彬等（2004）认为，在多样性方面，集体非农建设用地“入市”是有利于优化资源配置的。集体建设用地流转实质是以市场方式配置集体土地资源。

1.2.2.4 集体建设用地入市障碍分析

卢吉勇等（2001）认为，对集体建设用地入市流转进行严格限制是我国法律的明确规定。虽然一些试点地方对“入市”进行了大胆创新和探索，但是在现有法律未修改前，农地入市存在难以突破的法律障碍，全国性的管理办法暂时还没有出台。黄小虎（2013）认为，农地“入市”深层次的障碍主要来自地方政府和现有的财政体制。另外，对“入市”的研究目前还处于起步阶段，要推广和实施需要有配套措施的支撑，仅靠一些技术性改进很难解决实际中复杂的问题。刘丽等（2003）认为，农村集体建设用地“入市”所获收益的分配比例具有随意性。根据本书调研组的调查，所有的收益分成比例都是由地方政府机构自己制定的，各地没有统一的规定，收益划分也缺乏理论依据，具有较大的随意性。这就为今后依靠法律依据解决收益分配过程中出现的纠纷留下了隐患。徐祥临（2009）认为，由于农村集体建设用地“入市”会冲击到现有的建设用地市场，使原有的国家垄断的建设用地市场变成供给主体多元化的市场。这样的一个直接后果会加大政府对土地市场的管理难度。

1.2.2.5　集体建设用地入市形式分析

李作峰（2009）提出，应重新界定农村集体建设用地使用权的法律属性，扩大其用益物权，把这些权利的行使时间从有限变为无限，使集体建设用地的物权属性从内容和时间两方面得以完整实现，为其直接进入房市奠定产权基础；缩小限制物权属性。结束农民集体土地财产权上存在的“所有制歧视”状态，实行农村建设用地和城市建设用地“同地、同价、同权”。

在制度构建方面李作峰主张：首先，构建城乡统一的土地登记体系，在此基础上，实行集体建设用地直接入市交易许可制度，对集体建设用地流转入市的条件进行审查和交易许可管制。凡是符合土地利用规划、用地性质合法、用地手续齐全、不存在权属争议的集体建设用地，均可取得直接入市。经交易许可和缴纳有关税费和增值收益后，对于国家土地储备范围以外的集体建设用地，也可直接流转入市。在集体建设用地进入流转环节时，要求在对外流转集体建设用地时必须经过本集体经济组织全体成员讨论和表决通过。入市流转须向对方即土地使用权人或受让人缴纳有关税费和土地增值收益税。其次，在构建法律制度时，要根据收益初次分配基于产权、二次分配基于税制的原则，集体建设用地流转的收益应归农村集体建设用地的所有权人和使用权人所有，国家可以通过法定的税收方式，对流转收益进行合理调节。在配套的保障机制方面，建立城乡统一的土地利用规划制度，要根据权利主体和具体用途的不同在法律上严格界定公益性用地和经营性用地的范围，以此来缩小强制性征地的范围，并建立城乡统一的建设用地税费制度。

翟啸林（2012）认为，应确立农村集体和农民的土地产权的主体地位，土地所有权属于集体，使用权属于农民，使用权拥有者同时也是所有权拥有者的组成部分。存在的制度缺陷是农村土地所有权主体身份模糊。农民土地权利保护不仅要确立所有权、使用权的主体地位，还要有效保护农民土地收益权。按照市场经济的要求，农民土地收益权的立法，主要是将土地流转与补偿挂钩的办法改为与市场接轨。开展公益性土地征用制度与集体建设用地使用权直接上市相融合的市场化改革。

1.3 相关概念、基础理论

1.3.1 相关概念

1.3.1.1 农村集体建设用地

(1) 概念。

在我国现阶段，法律对建设用地的概念有着明确的规定，《中华人民共和国土地管理法》（以下简称《土地管理法》）第四条规定：“国家实行土地用途管制制度。国家编制土地利用总体规划，规定土地用途，将土地分为农用地、建设用地和未利用地。”“建设用地是指建造建筑物、构筑物的土地，包括城乡住宅和公共设施用地、工矿用地、交通水利设施用地、旅游用地、军事设施用地等。”建设用地因其归属性质不同，可分为国家所有的建设用地和农村集体所有的建设用地。目前对国家所有的建设用地法律上已有较完善的规定，但迄今为止对农村集体建设用地却没有一个法定的确切概念。依据我国现行《土地管理法》的相关条文，我们可将农村集体建设用地的概念界定为：农村集体所有的，由乡（镇）村集体经济组织和个人投资或集资的，经依法批准使用的各类非农业建设用地。主要包括宅基地、公益性建设用地以及经营性建设用地。

（2）分类。

依照《土地管理法》的相关规定，结合当前农村实际，农村集体建设用地可以概括为以下三种主要类型：

1）宅基地，即农村居民住宅建设用地。通常是指农村本集体经济组织内部符合规定的成员用作建造住宅而占有、利用的本集体所有土地。宅基地的范围包括用于建造住房、辅助用房（厨房、仓库、厕所）、庭院、沼气池、禽兽舍、柴草堆放以及房屋周围为独家使用的土地等。宅基地使用权的转让只允许在同一集体经济组织内部成员转让，且转让行为须征得集体组织的同意。

2）公益性建设用地。农村集体公益性建设用地主要包括农村公共设施建设用地和农村公益事业建设用地两大类。农村公共设施建设用地是指政府或集体经济组织或公民个人为满足农村居民物质生活需要而投资兴建的农村道路、灌溉库渠、电力设施、通信设备、公共厕所等公共基础工程所占用的土地；农村公益事业建设用地则是指政府或集体经济组织或公民个人为满足农村居民教育、文化、医疗、保健等需求所兴建的学校、幼儿园、图书室、电影院、卫生所、保健站等所占用的土地。因其涉及公共利益，流转的情况相对较少。

3）经营性建设用地。农村集体经营性建设用地是指具有生产经营性质的农村建设用地，主要是指存量农村集体建设用地中，土地利用总体规划和城乡规划确定为工矿仓储、商服等经营性用途的土地。该类用地商品属性和资本特性尤为突出，且对经济发展的影响很大，因而实践中大量流转的主要是这类用地，它也是本书研究的重点。

1.3.1.2 农村集体经营性建设用地入市

在中国特色社会主义市场经济中，农村集体建设用地是特殊的土地要素。农村集体建设用地“入市”是指已取得“农村集体建设用地”合法身份的农村土地作为资源要素，在符合土地利用总体规划、城乡规划、村庄（集镇）规划的前提下，进入土地要素市场遵循供求、竞争等市场规律进行优化配置。

必须指出的是，在此市场中，入市交易的标的是农村集体建设用地的使用权，而不是所有权。因此，农村集体建设用地“入市”就是农村集体建设用地使用权以有偿方式发生转移、再转移的行为，即流转；其本质是农村“非农”土地要素的市场化配置，实现土地财产收益最大化。流转方式多种多样，在所有的流转方式中，农村集体建设用地使用权有偿地从农村“流向”城市、工业，是最主要的内容。但必须指出，这仅是农村集体建设用地使用权流转的一个特殊现象，而非全部。

农村集体建设用地使用权的入市包括直接入市和间接入市。所谓直接入市是指经依法批准的已经由农地转为建设用地并在土地市场上的流转。集体建设用地使用权直接入市又可以分为初次流转和再次流转，初次流转是指农民集体将其所有的集体建设用地通过出让、出租等方式让渡给集体建设用地使用者，包括两方面的主体，即土地所有者和土地使用者；再次流转是指已经获得集体建设用地使用权的单位和个人将集体建设用地使用权以转让、转租的方式再次流转给其他单位和个人。间接入市是指集体所有的土地不能直接进入建设用地市场，只能通过征收的方式转为国有后才能进入土地市场流通。与“间接入市”相比，允许集体建设用地使用权直接入市，存在以下几方面的特征：其一，合法。即集体建设用地使用权是经过法定审批程序并依法进入土地市场，而无须违背法律“非法”入市。其二，留权。即集体土地所有权不改变，集体经济组织依然保留集体土地所有权，而无须被征为国有。其三，获利。即无论是集体经济组织还是集体成员抑或是各级地方政府都将获得相应土地转让的收益。

《中共中央关于全面深化改革若干重大问题的决定》赋予农村集体经营性建设用地与国有建设用地同等入市、同权同价的权利，在政策上明确了农村集体经营性建设用地使用权同国有土地使用权同等的用益物权性质，这是农村集体经营性建设用地入市交易的先决条件。2020 年 1 月 1 日正式颁布实施的《中华人民共和国土地管理法》第六十三条明确规定“土地利用总体规划、城乡规划确定为工业、商业等经营性用途，并经依法登记的集体经营性建设用地，土地所有权人可以通过出让、出租等方式交由单位或者个人使用，并应当签订书面合同”、“通过出让等方式取得的集体经营性建设用地使用权可以转让、互换、出资、赠与或者抵押”。自此，农村集体经营性建设用地经过几年试点探索，可以合法进入市场交易。

1.3.2 相关基础理论

1.3.2.1 土地产权理论

我国学者黄少安在《产权经济学导论》中对产权下了一个定义：“产权

就是对财产的权利，也是对财产广义的所有权——包括归属权、占有权、支配权和使用权。”产权界定清晰是资源合理配置的前提，只有当产权界定的收益大于产权界定的成本时，人们才有动力（或激励机制）去制定规则和界定产权。因此，产权的一个主要功能就是引导人们实现将外部性内在化的激励。

土地产权是以土地所有权和使用权为基础，并反映其权能转让或交易过程中所体现的个人或社会收益的权益关系。土地产权是一项权利束，包括物权与债权等多项权利。土地的交换与买卖，并不是以物换物的实体交易，而是土地权利束的交换与流动。英国经济学家科斯在《社会成本问题》中提出“权利的界定是交易的基本前提”，在产权明晰的情况下，若交易费用为零，无论权利如何界定，都可以通过市场交易达到资源的最佳配置。这就是著名的“科斯定理”，其否定了外部性的作用。土地产权理论的核心是交易成本，它是一种不同于市场经济活动的组织活动的成本。其中所涉及的交易成本包括信息成本、谈判成本、订立和执行契约的成本、维持所有权的成本、监督和执行成本以及制度变革成本等。其特点是土地产权具有完整性、排他性、可分离性以及可转让性。这些特性决定了土地在市场交易过程中，要有明晰的土地产权界定、权利主体和公平市场化的运作，为土地流转留出公平、自由的空间。

对集体建设用地权利的设置和产权界定，就是用法律形式明确集体建设用地的所有权主体，同时严格界定集体建设用地所有者与土地使用者之间的权利、责任及利益。所以，集体建设用地产权制度的确立就意味着相应的集体建设用地财产关系的确立。集体经营性建设用地入市本质上可以看作集体经营性建设用地权利的流转，因此，集体经营性建设用地产权问题是集体经营性建设用地入市研究的基础，研究集体经营性建设用地入市，必须以产权理论为基础，从产权的立场来解析各流转主体间的利益分配关系与分配格局。

1.3.2.2　地租地价理论

马克思说："地租的占有是土地所有权借以实现的经济形式。"地租的实质是土地的所有者依据土地的所有权而获得的土地权益，只要存在产权的分离和转移，就存在地租，这是一种普遍的经济现象。地租理论揭示了土地价格产生的根源和土地级差存在的客观基础。土地作为自然与经济活动的综合体，其等级是人类不同的开发、利用方式所引起的不同经济效果的体现，这种效果产生的正负效应直接影响土地流转的增值收益。

地价也就是土地的价格，由于土地的所有权和使用权的转移，土地的价格也分为购买土地所有权的价格和购买土地使用权的价格。由于我国的土地归国家和集体所有，通常所说的土地价格是指购买土地使用权的价格，土地所有权的转移也只有在国家因为公共利益的需要对集体土地实行征用，而土地所有权发生了转移，使集体和农民获得相应的补偿。目前，我国通常所讲的地价是国有建设用地使用权的出让或转让价格，是国家一次性出让若干年的国有建设用地使用权或者土地使用权人转让国有建设用地使用权所获得的收入，其本质是一次性收取的若干年的地租，即土地价格正是因为地租的存在才产生的。

马克思地租地价理论是研究各种土地问题的基础理论，它系统地回答了地租的产生、构成及地价的形成，对集体经营性建设用地入市有很强的理论和实践指导作用。因此，根据它来分析集体经营性建设用地入市问题，对于农村集体经营性建设用地价格的科学评估、流转区域差异的合理解释、流转模式和流转收益分配的探讨是有很大帮助的。

1.3.2.3 制度变迁理论

对于制度的概念，不同学者做出了不同的解释。以美国经济学家诺斯为代表的西方新制度经济学家对制度的定义是，一系列被制定出来的规则、守法程序和行为的道德伦理规范，它旨在约束追求福利或效用最大化的个人行为。所谓制度变迁是指制度创立、变更及随时间变化而被打破的方式，它是制度的替代、转换与交易过程，其替代、转换与交易活动也都存在着种种技术的和社会的约束条件。制度变迁可理解为一种效益更高的制度对另一种制度的替代过程。在这个过程中，实际制度需求的约束条件是制度的边际替代成本（机会成本）。

制度变迁的过程即从制度均衡到制度不均衡，再到制度均衡。制度变迁又分为两类：一是诱致性制度变迁，是由个人或一群人，在响应获利机会时自发倡导、组织和实行的制度变迁。其变迁的主体是一群人或一个团体，具有手段内的温和性和变化的渐进性特征。二是强制性制度变迁，是通过政府命令或法律的形式引入和实行，目的在于对不同利益集团内的享有收入进行重新分配或约束。其变迁的主体是国家或政府，国家在制度供给上具有规模经济优势，它能以最短的时间和最快的速度推进制度变迁，可以降低组织和实施成本。

新制度经济学作为体现市场经济运行规律的理论，对于我国现阶段以发展社会主义市场经济为前提，以土地制度创新和土地市场的完善为基本内容的土地制度改革，具有一定的借鉴意义。按照新制度经济学有关理论，集体建设用地市场化流转制度的形成是一种诱致性制度变迁。反映到农村集体经营性建设用地入市制度的创新方面，就是当土地制度不能适应生产力发展的需要，不能满足其最大效益时，就应该对土地制度进行创新。当前，我国要实现城乡一体化，新农村建设要进一步发展，就必须创新农村集体经营性建设用地入市的相关制度。

1.3.2.4　土地供求理论

“土地价格的决定因素是土地的供给和需求”，在自由市场经济中，土地与其他商品一样，其价格取决于本身的供给和需求，土地供给增加，需求不变，地价下跌；土地供给减少，需求增加，则地价上升。由于土地的稀缺性和不可再生性，土地供应总量是有限度的，超过这个限度，土地供给就无法持续。因此，从宏观上即从土地总量来看，土地的供给弹性趋近于零，土地的均衡价格由市场的需求决定；从微观来看，对具体的投资者，土地的供给则是不断变化的，在同一价格水平下，可供投资者选择的土地是众多的。可见，在价格水平不变的情况下，土地的供给可以看作是无限的。

然而，就土地价格的一般情况而言，它是土地供给和需求二者互动的结果。土地供给受诸多因素的影响而变化，如产业结构的调整、土地供应计划的变化、土地利用总体规划的变更等；土地需求也随着经济的发展、人口的增加、城镇化的发展而变化。土地需求的增加使土地价格上升，从而使土地供给数增加，而土地价格上升，又导致土地需求减少，使价格回落，土地供给和需求的相互运动形成均衡价格。

从土地的供求理论可知，土地转让的前提是土地价格的存在。农村集体经营性建设用地的流转，要实现国家、集体、使用者的利益，也是建立在土地具体价格基础之上的。农村集体经营性建设用地入市的范围、规模、形式等都与土地的供需情况息息相关。农村集体经营性建设用地入市的市场作为土地市场之一，不可能脱离市场供需、价格形成规律等的支配，因此，土地供求理论对集体经营性建设用地入市研究有重要的指导作用。

1.3.2.5　土地增值理论

土地增值是指同一空间、同一形态的地价在不同时点的变化。引起土地增值的因素较多，大致可以分为投资引起的增值、供求变化引起的增值、用途改变引起的增值、经济发展引起的增值以及政策规划引起的增值。土地增值收益分配的实质是土地权能在经济上的实现所产生的收益分配问题。因此，根据马克思地租理论，绝对地租的增值是所有权收益的内容，应该“涨价归公”；而级差地租的增值则应按照“谁贡献，谁收益”原则，在所有权与使用权收益权能间进行合理分配。

1.4 研究内容与方法

1.4.1 研究内容

本书是以河南省农村集体经营性建设用地为研究对象，通过对河南省长垣市、巩义市、新郑市，广东省佛山市南海区，贵州省湄潭县，四川省郫县等进行调研，运用制度经济学理论对当前农村集体经营性建设用地入市现状、动力机制进行分析，通过理论研究与实证研究相结合的方法，探讨其存在的主要问题及制约因素，提出规范河南省农村集体经营性建设用地入市的对策和建议。本书的研究内容如下：

第 1 章，绪论。主要介绍了农村集体经营性建设用地入市的研究背景、研究意义、国内外研究综述、研究内容与方法及创新点。

第 2 章，河南省农村集体经营性建设用地入市（流转）现状及存在的问题。首先，在调研的基础上，总结了河南省现行农村集体经营性建设用地流转方式、流转特点及存在的问题；其次，分析农村集体经营性建设用地入市制度改革试点长垣市市情、历史流转的现状以及入市试点工作开展情况，并在此基础上提出长垣市农村集体经营性建设用地入市存在的问题。

第3章，农村集体经营性建设用地入市的制约因素和动力机制分析。首先，从权能缺位、主体虚位、土地产权制度不完善、直接入市风险较大等层面阐述了农村集体经营性建设用地入市的制约因素；其次，分别从入市的原动力、外在动力、客观原因和直接诱因等方面分析农村集体经营性建设用地入市的动力机制；最后，从入市政策环境与法律创新空间、入市预期成本效益两方面进行农村集体经营性建设用地入市可行性分析。

第4章，集体经营性建设用地入市土地增值收益分配机制研究。首先，在坚持公平原则、效益原则、物权原则和贡献原则的基础上，提出了农村集体经营性建设用地入市主体包括地方政府、农村集体经济组织和农民参与土地增值收益分配的形式，农民以其对土地的承包权直接获得土地出让金、租金或入股分红的形式参与增值收益分配，集体经济组织以其对土地的所有权可以通过分成的形式参与土地增值收益分配，地方政府通过土地增值收益调节金、税收或地费的形式参与土地增值收益分配；其次，土地增值收益分配的实施应该合理地确定各分配主体的分配比例，尤其要提高农民参与土地增值收益分配的比例，保障农民在其土地入市后的生活质量，同时还要不断完善土地增值收益分配的实施机制，以确保土地增值收益在各参与主体之间公平合理的配置。

第5章，农村集体经营性建设用地入市权益主体行为及意愿分析。首先，分析了农村集体经营性建设用地入市中的权益主体及其利益冲突；其次，选取了长垣、新郑、巩义三地10镇40个村庄324位农户为研究对象，采用知情人访谈、问卷调查、二元Logic回归等方法，对农村集体经营性建设用地入市过程中农户的认知、需求、接受意愿及影响因素进行分析。

第6章，探讨河南省农村集体经营性建设用地入市模式。首先，概述了南海、湄潭、郫县在集体经营性建设用地入市试点中形成的经验，创建了适合河南省农村集体经营性建设用地的入市模式。其次，在确立农村集体经营性建设用地入市应遵循“坚守三条底线”“循序渐进，审慎稳妥推进”“封闭运行、风险可控”的原则的基础上，明确了入市的农村集体经营性建设用地应满足产权明晰、权能明确的条件，应根据2014年土地变更调查成果，确定存量农村建设用地的范围。再次，探索了农村集体经营性建设用地入市的三种途径操作方案——就地入市、村庄内零星、分散的集体经营性建设用地到产业集中地入市、城中村集体建设用地整治后集中入市。最后，制定了与国有建设用地出让统一管理的农村集体经营性建设用地入市管理模式。建立了兼顾国家、集体、个人的土地增值收益分配机制。

第7章，河南省农村集体经营性建设用地入市对策和建议。依据平等、自愿、有偿及同地同权同价原则，提出突破法律瓶颈、重构经济组织、界定入市范围、明确入市途径、完善价格机制、加强公共参与、强化监督机制、统一城乡市场、培育中介机构及合理分配收益九条对策建议。

1.4.2 研究方法

本书深入分析农村集体经营性建设用地入市流转现状及存在问题，并在此基础上，提出契合河南省省情的农村集体经营性建设用地入市的政策建议。其研究方法主要如下：

（1）文献研究法。本书主要通过查阅相关文献资料、收集地方实践资料和政策法规条文等方法，将国内关于农村集体经营性建设用地入市问题的相关资料进行分类、整理，并认真分析和总结这些资料，在借鉴和分析目前已有研究成果的基础上，拓宽思路，建立本书的研究框架。

（2）系统分析法。农村集体经营性建设用地入市问题关系到政府、农民、企业等各个主体的利益，同时也涉及政治、法律、行政、经济等方面。因此，对农村集体经营性建设用地入市问题的研究不可能孤立地进行，必须综合各项因素进行全面系统的研究。本书在研究过程中主要从以下三个方面进行把握：一是把农村集体经营性建设用地入市放在整个社会经济发展趋势中进行分析和研究；二是研究土地流转与土地制度、经济管理体制、政治制度之间的内在联系，探索其规律和运行机制；三是农村集体经营性建设用地入市制度方案构建时，使制度构建更具有系统性。

（3）社会调查法。在了解河南省集体经营性建设用地入市现状时采用实地访谈和问卷调查相结合的方法，与相关处室、局委联系座谈，根据河南省各地市经济发展水平，按经济发展的不同层次选取郑州、新乡等具有代表性的乡（镇）进行问卷调查，从而掌握一手资料。

（4）模型分析法。本书在第 5 章，通过建立二元 Logic 回归模型，定量评价农户对集体经营性建设用地入市的接受程度和意愿，分析农户对集体经营性建设用地入市的认知、需求、接受意愿及影响因素。

（5）案例分析法。本书在第 6 章选取了全国各地在推行农村集体经营性建设用地入市方面比较典型的几个案例——南海、湄潭、郫县等地的实践。通过对这些典型案例的剖析，找出可供借鉴的经验，为河南省制定相应的对策提供依据，进而提出河南省农村集体经营性建设用地入市的途径和模式。

1.5 创新点

本书的创新点主要包括以下几个方面：

（1）探索河南省农村集体经营性建设用地入市途径和模式。通过理论分析与实地调研相结合的方法，归纳了国内其他试点和先行地市农村集体经营性建设用地入市途径和模式，总结其成功经验和存在问题，结合长垣市农村集体经营性建设用地入市试点工作开展情况，提出符合河南省实际的农村集体经营性建设用地入市途径和模式。

（2）农村集体经营性建设用地入市增值收益分配机制研究。尝试从土地增值收益主体、分配形式及数量和分配组织载体等方面构建收益分配机制，探讨市场机制、产权制度、政府规制在集体经营性建设用地入市收益分配中的作用。同时，提出了农村集体经营性建设用地入市主体包括地方政府、农村集体经济组织和农民参与土地增值收益分配的形式，以及河南省农村集体经营性建设用地入市增值收益分配的途径。

（3）通过构建模型进行农村集体经营性建设用地入市权益主体行为及意愿分析。首先，分析相关利益主体（地方政府、村集体经济组织、农民、用地方）在集体经营性建设用地入市的行为特征和行为方式。在此基础上，采用知情人访谈、问卷调查、二元 Logic 回归等方法，定量评价农户对集体经营性建设用地入市的接受程度和意愿，分析农户对集体经营性建设用地入市的认知、需求、接受意愿及影响因素，比较和分析农户对不同入市模式的意愿及利益分配期望。

（4）提出河南省农村集体经营性建设用地入市的对策和建议。通过深入系统的研究，将农村集体经营性建设用地入市纳入整个土地制度乃至经济体制改革的全局中，提出契合河南省省情的农村集体经营性建设用地入市政策建议，明确要从重构经济组织、界定入市范围、明确入市途径、完善价格机制、加强公共参与、强化监督机制、统一城乡市场、培育中介机构、合理分配收益等方面完善农村集体经营性建设用地入市的政策建议。

2 河南省农村集体经营性建设用地入市（流转）现状及存在的问题

自2003年以来，河南省先后出台了《关于印发河南省农民集体所有建设用地使用权流转管理若干意见的通知》（豫政办〔2003〕77号）、《关于进一步加强和规范农村集体建设用地使用管理的暂行意见》（豫国土资发〔2009〕52号）两个文件，就进一步加强和规范农村集体建设用地管理、推进农村集体建设用地流转作了安排。文件明确规定了集体建设用地流转的范围、条件、程序、价格、流转的形式和期限，其中可以流转的集体建设用地是指用于非公益性项目或经营性项目的集体建设用地，权属明晰，界址清楚，持有合法的土地权属证书。之后，各地市不同程度地开展了此项工作。因此，河南省农村集体经营性建设用地流转是客观存在的，只是一部分流转的集体经营性建设用地是具有土地部门颁发的农村集体建设用地土地使用证，也有一部分没有取得土地使用证，属于私下交易，即所谓的“隐形”市场。目前，流转多处于自发无序的状态，且流转范围不断扩大，流转形式逐渐多样化，尤其是在经济发达地区和城市郊区的流转趋势更是普遍存在。

本书通过实地调研及相关资料，分析总结了现行的河南省农村集体经营性建设用地流转主要方式、流转特点、存在问题及农村集体经营性建设用地入市制度改革试点长垣市的农村集体经营性建设用地入市现状。

2.1 河南省农村集体经营性建设用地流转方式

河南省农村集体经营性建设用地流转分为两种方式：一是存在于村集体与土地使用者之间，又分租赁和作价入股两种形式；二是存在于土地使用者之间，即再次流转，有转让和抵押等形式。

2.1.1 以签订租赁合同的方式流转

租赁方式能给农民带来长期稳定的收入。租赁方式分为以下三种：

一是农民集体通过签订租赁合同将经营性建设用地使用权直接出租给土地使用者，承租方定期缴纳租金。首先农民集体在土地部门办理农村集体建设用地使用证；其次将其出租给土地使用者。如巩义市和新郑市的租赁流转，土地使用者直接和村集体签订租赁合同，合同界定了以下几方面内容：土地使用者主体必须是本村村民，也就是在村集体内部流转；土地用途为工业或小商业，不得改变土地用途；出租年限 30 年或 50 年，不超过同类用途国有土地利用权出让的最高年限；租金多少；等等。

二是农民集体将集体经营性建设用地的使用权让渡给其他组织或个人，双方约定土地使用年限，受让方一次性缴纳土地出让金。在这一过程中，土地所有权人取得土地使用权出让收益，土地使用者则取得集体土地使用权，完成了集体土地使用权的设定和转移。例如，2008 年，长垣市某企业，采用直接出让的方式和农民集体签订了出让合同，买断 30 亩农村集体经营性建设用地30年土地使用权，一次性支付土地出让金。这种方式有利于企业的长期稳定发展，一些企业生产经营需要较长的稳定周期，如钢铁锻造、电子研发等生产性企业，往往都采用直接出让的方式，取得土地使用权。采用这种方式流转的面积约占集体经营性建设用地出租流转总量的20%左右。

三是农民集体在土地上先建好厂房和商业门面，再将其出租。一方面，这种灵活的租赁方式，使企业创办的费用大大降低；另一方面，通过这种方式提高土地的附加值，增加农民的收入。从20世纪80年代末开始迅速发展，一般由集体以办乡镇企业的方式办理用地手续，市场建设完成后，以出租摊位的名义连同土地一起出租。也有由集体将土地直接出租给开发商进行市场建设，由开发商进行出租的。采用这种方式流转的面积约占集体经营性建设用地出租流转总量的20%左右。

2.1.2 以集体土地作价入股联营办企业的方式流转

作价入股是农民集体通过将一定年限的集体经营性建设用地使用权作价，以出资或入股的方式与他人创办联营企业。但因参与经营的农民技术水平和经营能力有限，实际并不参与经营，只收取地租。以这种方式，农民可以按照出资或股份每年分红，保障了每年稳定的土地收益；用地企业则获得了一定年限的集体经营性建设用地使用权，有利于企业未来的发展。该方式多出现在20世纪90年代前期，但由于企业经营存在一定的风险性，其在大部分地方都已逐步转变为土地租赁的方式。作为一种变相的集体建设用地出租，这种方式约占农村集体经营性建设用地出租流转总量的10%左右。

2.1.3 乡镇企业倒闭后集体经营性建设用地再次流转

一部分乡镇企业由于经营不善或其他原因，倒闭后导致土地长期闲置，为盘活土地，乡镇政府在闲置土地上进行招商引资，使闲置土地得到了再次利用，土地利用效益得到了提高，乡镇政府也在闲置土地再次流转中得到收益。例如 2009~2010 年，巩义市先后排查出已关闭的小煤矿、水泥厂、黏土厂和因企业经营不善停产等原因造成土地低效利用和闲置厂房的集体建设用地 100 多宗，面积达 100 多公顷。巩义市政府对一些企业采取适当优惠，进一步推进农村集体建设用地使用权盘活流转，保障中小企业用地需求，促进集体建设用地的盘活利用。

2.1.4 因司法裁决引发的集体经营性建设用地再次流转

此情况多发生在乡镇企业用地。部分乡镇企业在技术和市场经营上处于劣势，致使企业破产或被兼并。有的企业被判以土地抵债，导致土地流转。如郑州市惠济区毛庄乡东赵村以租赁方式将本村土地 1.333 公顷租给村民用于建设脱水菜工厂，由于经济效益不佳，引发债务纠纷，经法院判决，将地面建筑物连同土地承租权以 12 万元价格转让给了其他村民办厂。

2.2 河南省农村集体经营性建设用地流转特点

2.2.1 流转现象普遍存在

从调查资料可以看出，随着河南省城市化和工业化的进一步发展，城市建设对土地的需求量迅速增加，有限的国有土地已不能满足各需求主体的要求，因此催生了农村集体建设用地的大量自发流转，农村集体建设用地流转行为已十分多见。无论是经济发达地区还是经济欠发达地区，均存在不同程度的流转现象，特别是城乡接合部是流转的主要区域，大量集体建设用地已进入城区并用于经营，其中既有经营性建设用地，也有宅基地。

2.2.2 多以农村集体内部流转为主

经实地调查发现，现存的农村集体经营性建设用地流转主要是在村集体内部流转，即受让方是供地主体集体经济组织内部成员，属于封闭式流转。1991 年，巩义市作为河南省农村宅基地发证试点县，国土资源管理部门为村集体颁发了农村集体建设用地土地使用证，批准用途为工业、小商业，所有者为村集体。随后，租赁给本村村民开展耐火材料、电缆、铝加工等工业生产，每年缴纳租金。租赁条件是土地使用者必须是本村村民，不得租给外来人员或企业。

2.2.3 流转地域不均衡与经济区位相关性明显

当前农村集体经营性建设用地的流转存在地域不均衡性的问题，根据调查统计，城乡接合部是集体建设用地流转最活跃的地区，其次是中心集镇和县城，偏远的农村地区则相对较少。由于城乡接合部受城市社会经济辐射的强度较大，同时市场化水平也较高，因而其社会经济的发展迫切需要农村集体经营性建设用地进入土地市场流转，从而使其流转十分活跃。在城镇化水平相对较低的远郊地区，集体建设用地流转的活跃程度明显下降，形式趋向单一，流转规模也较小。而一些偏远农村地区，部分乡镇企业破产倒闭后，土地仍闲置难以流转出去。

2.2.4 流转活跃程度与经济发展水平呈现正相关

社会经济发展水平能够直接影响到农村集体经营性建设用地的流转，具体体现在：集体经营性建设用地流转的规模、形式等都与社会经济发达程度呈正相关。通常情况下，集体经营性建设用地的流转在经济发达、市场化水平较高的地区总是表现得比较活跃；而在经济欠发达地区，农村集体经营性建设用地流转则相对较少。在经济发达地区，农村集体经营性建设用地流转已演变为村集体经济组织将土地作为资产有组织地开展大规模、多形式的经营；在经济中等发达地区，除了出租房屋外，集体经营性建设用地大多通过乡镇企业改造改组，盘活、利用厂房、生产场地带动集体经营性建设用地流转；在经济欠发达地区，集体经营性建设用地流转多为自发的、零散的，流转规模较小，流转形式单一，主要是集贸市场出租摊位等。

2.3 河南省农村集体经营性建设用地入市流转存在的问题

河南省农村集体经营性建设用地流转在很大程度上是由于市场的需求和农村经济发展的内在动力而发展起来的，带有更多的自发性和盲目性，与现行的法律法规、体制制度和市场经济要求等形成较大冲突，因此，当前的农村集体经营性建设用地入市流转存在诸多的问题和不足。

2.3.1 流转程序不规范

一些地方集体建设用地流转操作不规范。现实中流转双方对有关流转程序不予重视，办理流转只是由流转双方采用协商方式签订合同进行，流转地价也由流转双方协商确定，没有进行资产评估、税收负担等必要环节，没有法律法规做保障；加之流转主体（主要是集体组织）法律地位不明确，流转程序不规范，对建设投资者产生不利，还会波及其他利害关系人，交易安全得不到保障；权利设定缺乏合法依据，由此导致流转法律事件纠纷不断，一旦调处失当，就极易引发各种社会矛盾。

2.3.2 流转主体不清晰

《土地管理法》第十一条规定："农民集体所有的土地依法属于村农民集体所有的，由村集体经济组织或者村民委员会经营、管理；已经分别属于村内两个以上农村集体经济组织的农民集体所有的，由村内各该农村集体经济组织或者村民小组经营、管理；已经属于乡（镇）农民集体所有的，由乡（镇）农村集体经济组织经营、管理。"但却尚未规定"农民集体"的具体构成要素和运行原则，也尚未明确"农民集体"与农民个人的利益关系，多元化的主体使得土地流转主体混乱不清。在巨大的利益诱惑下，各主体都想垄断集体建设用地流转，"错位"时有发生。

本书调研组调查调研表明，现实中集体建设用地流转的主体也是极其混乱的，从转让方、出租方而言，既有乡（镇）、村集体经济组织，也有乡（镇）政府和村民委员会等行政管理机关及村民自治组织，还有乡（镇）、村办企业和个人等土地使用权者；从受让方而言，既有本集体经济组织内部成员，也有其他集体经济组织或其他社会成员，包括组织和个人。在具体的操作中，由于村镇实力比较强，其经常侵犯村内小组集体建设用地使用权，统一收购农村集体建设用地，在将其开发整治后统一流转；多数地方并没有明确或者细化"农民集体"的具体含义，一般直接由具有行政职能的乡镇政府或村委会领导干部代表农民集体做出决策，这极易产生权力寻租现象，导致集体建设用地以较低的价格被出租或出让等，损害了农民的合法权益。

2.3.3 收益分配机制不明确

从目前各地的流转情况来看，河南省对于流转收益的分配机制不统一，分配关系混乱。在农村集体建设用地流转收益管理上也存在较多问题：一是由于缺乏依法监管与市场机制，土地市场价值和资产资源属性在流转中不能得到充分体现，国家土地税费流失严重；二是管理缺乏监督，村委会或村民小组通过出租、转让破产企业等获取的流转收益收支情况不明；三是由于农村土地产权关系混乱、集体经济组织结构不完善，加上村委会随意支配流转收益，使本属于农民集体及农民的土地流转收益难以得到切实保障，农民在农村集体建设用地流转后对收益分配不满，由此产生了农民上访频发等现象，严重损害了农村社会的稳定。

2.3.4 无专门的流转市场

当前，农村集体建设用地的流转一般都是由农民或者农村集体经济组织自行联系，流转的价格由交易主体自行协商，缺乏一个统一的土地交易市场调整农村集体建设用地的价格，时常会出现同一处的土地却不同价的现象。同时，在土地流转过程中，农村集体建设用地流转的价格一般明显低于国有建设用地，极大地损害了农民集体的利益。此外，由于缺少专门的农村集体建设用地流转市场，土地流转过程中无任何规范对交易主体进行限制，交易秩序混乱。集体经营性建设用地自发无序地流转，导致政府调控土地市场的能力被削弱，难以有效控制建设用地供应总量，影响土地利用总体规划和城市规划的有效实施，造成土地利用混乱，土地市场秩序受到严重干扰。

2.3.5 流转价格不统一

目前尚未形成集体建设用地流转的价格机制，流转实践中主要还是以协议价格为主，流转价格并不是由市场的供求关系决定，一方面，协议价格容易受到外界力量的干扰，包括政府行政力量、村民之间的熟络关系等。这种协议价格无法体现集体建设用地真正的价值，农民集体的土地权益也无法得到保障。另一方面，协议的流转价格也不能很好地体现土地的区位性，流转价格的形成较为混乱，会阻碍集体建设用地的合理流转，危害流转市场的健康运行。

2.4 国家试点——长垣市农村集体经营性建设用地入市现状

长垣市是河南省直管县级市，2019 年撤县设市，位于河南省东北部，东邻黄河。总面积 1051 平方千米，截至 2020 年，人口 85 万，辖 11 个镇、2 个乡、5 个办事处、598 个行政村，城镇化率 43.5%。[①] 长垣市是中国起重机械名城、中国卫生材料生产基地、中国防腐蚀之都、中国厨师之乡、中华美食名城。先后被评为“全国文明县城”“国家卫生县城”“国家园林县城”“国家新型工业化产业示范基地”“国家级美丽乡村建设试点”。

长垣市交通便捷，大广高速、省道 308、省道 213 穿境而过，直达新郑国际机场，新菏铁路、济东高速直达东出海口，正深度融入环渤海经济区、山东半岛蓝色经济区，已成为中原经济区承接沿海发达地区产业转移的桥头

① 《2021 年长垣市国民经济和社会发展统计公报》。

堡，区位优势明显，经济综合实力居“中国中部经济百强县”前列。

根据第十二届全国人民代表大会常务委员会第十三次会议通过的《全国人大常委会关于授权国务院在北京市大兴区等三十三个试点县（市、区）行政区域暂时调整实施有关法律规定的决定》，长垣市被定为农村集体经营性建设用地入市试点之一，在 2017 年 12 月 31 日前试行。长垣市按照国家的整体要求，按程序、分步骤地开展了农村集体经营性建设用地入市的试点工作。

2.4.1 长垣市经济发展与农村集体建设用地利用概况

（1）长垣市经济发展概况。

2014 年，长垣市生产总值 250.5 亿元，同比增长 10.8%；规模以上工业增加值为 109.8 亿元，增长了 14.2%；固定资产投资为 240.8 亿元，增长了 21.1%。城镇居民人均可支配收入为 20337.8 元，增长了 11.2%；农民人均纯收入为 12729.9 元，增长了 11.9%。

长垣市 2010~2014 年经济发展情况，如表 2-1 和图 2-1 所示。

表 2-1 2010~2014 年长垣市经济发展情况

年份	生产总值（亿元）	农民人均纯收入（元）	固定资产投资（亿元）
2010	143.7	7263.4	130.3
2011	177.3	8788.7	150.7
2012	194.0	10071.9	162.7
2013	226.6	11381.2	206.3
2014	250.5	12729.9	240.8

资料来源：《长垣市统计年鉴》（2011~2015）。

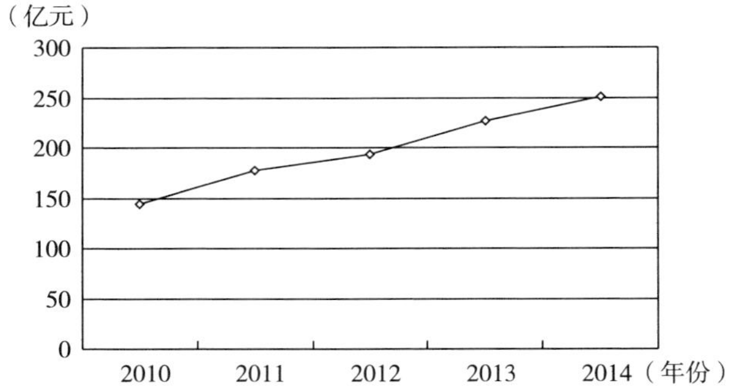

图 2-1 2010~2014 年长垣市国民生产总值增长趋势

资料来源:《长垣市统计年鉴》(2011~2015)。

长垣市民营经济起步于 20 世纪 70 年代,形成了起重装备制造、卫生材料及医疗器械、防腐蚀建筑及防腐材料、饮食文化、食品加工五大优势产业,2014 年重型机械、卫生材料及医疗器械行业分别实现销售收入 160 亿元、60 亿元,卫华集团、河南矿山、新乡矿山、中原圣起 4 家企业起重机销售额进入全国前十强。①

长垣市着力于产业的升级转型,坚持以传统产业改造促进转型,以新兴产业发展引领转型,以重大项目建设支撑转型,持续推动起重行业向特色装备制造业转型,卫生材料行业向高端医疗器械拓展,防腐行业向新材料转变,培育发展汽车及零部件、防腐及建筑新材料等新兴产业,打造区域特色产业升级版,起重装备、卫生材料及医疗器械、汽车制造业增加值年均增长分别达 20%、21%、26%。目前,长垣市 100 吨以下起重机产量占全国市场份额的 65%以上,卫生材料占全国市场份额的 60%以上,防腐施工占全国市场份额的近 60%;长垣市有近 3 万名厨师分布在世界各地,利用“厨师

① 《2015 年长垣市统计年鉴》。

之乡”的独特优势，发展以烹饪产业为主导的特色休闲旅游业。2014 年底，长垣市民营企业达 6600 余家，民营经济占地区生产总值的 87%，长垣市跨入了“中国产业发展能力百强县”。乡镇企业的迅速发展，需要大量的建设用地，这在一定程度上促进了农村经营性集体建设用地使用权的入市。

（2）长垣市建设用地利用概况。

长垣市 2014 年土地利用现状变更调查数据显示，长垣市土地总面积为 103824.24 公顷，其中农用地为 77673.87 公顷，占土地总面积的 74.81%；建设用地为 20397.03 公顷，占 19.65%；未利用地为 5753.34 公顷，占 5.54%。如表 2-2 和图 2-2 所示。

表 2-2　2014 年长垣市土地利用现状

地类		面积（公顷）	总面积比重（%）	一级类比重（%）
土地总面积		103824.24	100	—
农用地		77673.87	74.81	—
未利用地		5753.34	5.54	—
建设用地	建制镇	3841.47	3.7	18.83
	农村居民点	14382.81	13.85	70.51
	采矿用地	81.02	0.08	0.40
	小计	18305.30	17.63	89.74
	交通运输用地	1293.00	1.25	6.34
	水工建筑用地	630.15	0.61	3.09
	其他建设用地	168.58	0.16	0.83
	小计	2091.73	2.01	10.26

资料来源：2014 年长垣市土地利用现状变更表。

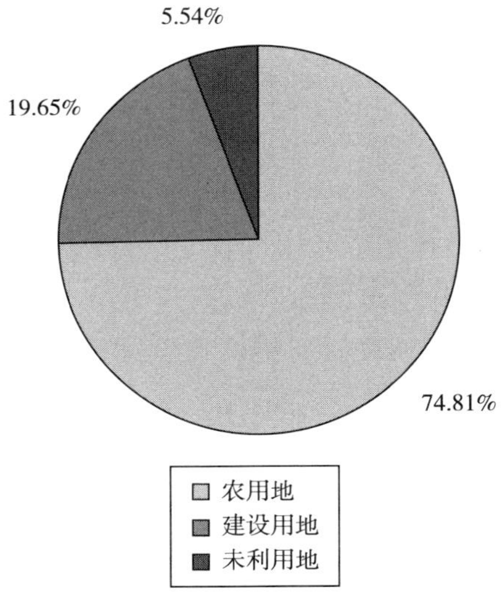

图 2-2　2014 年长垣市土地利用结构饼图

从表 2-2 中可以看出，长垣市建设用地面积为 20397. 03 公顷，占全部土地的 19. 65%，其中建制镇为 3841. 47 公顷，占建设用地的 18. 83%；农村居民点为 14382. 81 公顷，占建设用地的 70. 51%；采矿用地为 81. 02 公顷，占建设用地的 0. 4%；交通运输用地为 1293. 00 公顷，占建设用地的 6. 34%；水工建筑用地为 630. 15 公顷，占建设用地的 3. 09%；其他建设用地为 168. 58 公顷，占建设用地的 0. 83%。

由表 2-2 数据计算可知，长垣市城镇和村庄用地比例为 1∶3. 74，而人口比例为 1∶1. 30；人均城镇用地为 105 平方米，人均农村居民点用地为 303 平方米。从上述数据来看，按照行政区划分，长垣市农村居民点占地较高，但是在人口结构上，农业人口占据比例不高。根据实际调研情况，长垣市乡镇企业用地来源主要是农村居民点和工矿用地，绝大多数都为农民集体所有土地，即农村集体经营性建设用地，而在长垣市第二次土地调查时，这类用地都归为农村居民点用地，因此农村居民点用地较多。

2.4.2 长垣市农村集体经营性建设用地现行流转情况

2.4.2.1 流转分布情况

经实地走访，长垣市农村集体经营性建设用地流转在全县18个乡（镇、办事处）基本都存在，流转较多的乡镇为方里乡、丁栾镇、蒲北办事处、魏庄镇、满村乡和南蒲办事处，土地用途多为医疗器械、起重设备制造等工业用地，一部分用地企业在土地部门补办了用地手续。

2.4.2.2 流转方式

长垣市农村集体经营性建设用地流转方式主要有长期租赁、短期租赁两种形式，长期租赁占全县农村集体经营性建设用地流转总量的40%，短期租赁占60%。

由于长垣市民营企业大部分为重工业，企业发展需要较长的稳定期，以致企业直接和村集体签订买断协议，一次性付款，以取得土地的长期使用权。如位于丁栾镇某村的某医疗器械公司，占地43亩①，于1999年和村集体签订合同，以57.04万元买断了28.5亩土地的使用权，2006年又以每亩4万元的价格买断了11.5亩土地的使用权，使用年限为50年。

为了有长期稳定的收入，部分村集体和用地企业签订租赁合同，承租方定期缴纳租金，租金范围为每年每亩7500~1150千克小麦，以当年的小麦价格计算钱数，租赁年限一般为20~30年。长垣市60%的民营企业采用这种方式取得土地使用权。如方里乡、魏庄镇的民营企业都是以租赁方式取得集体经营性建设用地使用权。魏庄镇某企业于2008年取得某村6.2亩地20年土地使用权（2008年10月至2028年10月），租金为每亩1150千克小麦，一年一付。

① 1亩=0.0667公顷。

2.4.2.3 流转主体

通过调查了解到，长垣市农村集体经营性建设用地流转的主体多样化，有的是土地所有者，有的是土地使用者，从农村集体建设用地进入市场的供求双方主体分析，供地主体有乡村集体经济组织、村民委员会、村民小组、村民个人、乡镇企业。受让方既有本集体经济组织内部成员，又有其他集体经济组织及其社会成员，还有企业单位。

2.4.3 长垣市农村集体经营性建设用地试点工作开展情况

2.4.3.1 工作进展情况

按照《河南省长垣县农村集体经营性建设用地入市试点实施方案》的时间安排，长垣市分步骤、分时序地开展了农村集体经营性建设用地入市工作，截至2014年9月底前完成如下工作：

（1）查清能够入市的规模。在面向乡镇、村组干部群众进行政策宣讲的基础上，开展了排查摸底工作。国土资源部门依据2014年土地变更调查成果，土地利用总体规划对农村集体建设用地进行认定，规划部门依据城乡规划对经营性用地进行认定，建立台账和档案，形成平面分布图。彻底查清了全县农村集体经营性建设用地底数，按已入市和拟入市进行分类登记造册。经初步统计，土地利用现状图和土地利用总体规划均为建设用地的有88宗921.43亩，土地利用现状图显示为建设用地、土地利用规划图显示为拆旧区等规划用途的有17宗359.58亩。

（2）正在完善村镇规划。规划部门根据集体经营性建设用地排查摸底情况，会同各乡镇人民政府对村镇规划进行修订和完善，编制入市土地未覆盖的村镇规划。实现入市土地全覆盖，确保开展农村集体经营性建设用地入市的区域规划“全覆盖”。

（3）正在制定基准地价。以往的城市基准地价只包含了城镇，不涵盖农村地区。根据农村集体经营性建设用地入市的需要，需建立城乡统一的基准地价体系。当前，已完成外业调查和内业汇总，地价成果已形成，国土部门正在审查反馈意见。

（4）完成了一部分确权颁证工作。国土部门正在加快推进确权颁证工作，力争在入市工作开展前，全面完成农村集体建设用地登记发证工作。

（5）出台了各类入市规范性文件。如《长垣县农村集体经营性建设用地使用权入市管理办法》《长垣县集体经营性建设用地使用权入市公开交易环节工作流程》《长垣县农村集体经营性建设用地调整入市管理办法》等。

（6）制定了入市程序。土地入市需按以下程序进行：入市主体提出入市申请、乡镇审查、部门审核、民主表决、组织交易、办理证照六个环节。在乡镇审查方面，主要就信访稳定、权属来源等问题进行综合评定，并出具审查意见。在部门审核方面，分别由规划、环保、发改、房管等部门对规划条件、环保意见、产业要求及房产权属、面积及价值等，进行认定并出具意见。在民主表决方面，对入市土地属村集体所有的，按照“四议两公开”的办法进行，即村党支部研究入市方案并提议、村“两委”会商议、党员大会审议、村民代表会议或村民会议决议，决议结果和决议实施结果向全体村民公开，其中表决需经村民会议 2/3 以上成员或者 2/3 村民代表同意，形成正式表决材料；对乡集体所有的，需经乡（镇、办事处）或乡（镇、办事处）成立的乡集体经济组织集体决策同意。

（7）制定了入市价格。在制定集体经营性建设用地基准地价时，明确了入市最低保护价，并规定：集体建设用地使用权公开出让、租赁的起始价（起始租金）或协议出让价（协议租金），原则上不得低于集体建设用地基准地价（基准租金）的 70%；因特殊原因，起始价（起始租金）或协议出让价

（协议租金）低于70%的，该宗地在申请入市审批时，入市主体须提交加盖公章的相关说明材料，说明材料应包含降低起始价（起始租金）或协议出让价（协议租金）的原因。

2.4.3.2 实施方案主要内容

完善农村集体经营性建设用地产权制度。首先界定农村集体经营性建设用地范围，确定存量农村集体建设用地底数；其次明确农村集体经营性建设用地所有权人和使用权人的权利与义务，农村集体经营性建设用地与国有建设用地享有同等权利和义务，实行同等入市、同权同价；最后明确农村集体经营性建设用地入市主体和程序，入市主体可以是代表其所有权的农民集体，由村内集体经济组织或者村民小组代表集体行使所有权，属于乡（镇）农民集体所有的，由乡（镇）农村集体经济组织代表集体行使所有权，也可以由代表其所有权的农民集体委托授权的具有市场法人资格的土地股份合作社、土地专营公司等作为入市实施主体，代表集体行使所有权。

明确农村集体经营性建设用地入市途径。入市途径分为三种：①就地入市。对于符合规划、依法取得的农村集体经营性建设用地，本身具备开发建设所需要的基础设施，并已明确可以在本村直接使用的，采取协议、招标、拍卖或者挂牌等方式直接就地入市。②调整入市。根据土地利用总体规划和土地整治规划，经上一级人民政府或相关部门批准后，在确保建设用地不增加、耕地数量不减少、质量有提高的前提下，对村庄内零星、分散的农村集体经营性建设用地先复垦后，按计划调整到县域范围内的产业集聚区、商务中心区、乡镇创业园区等产业集聚区入市。③整治入市。对历史形成的城中村集体建设用地，依据规划开展土地整治，重新确定产权，优先保障城中村居民住房安置等用地后，属于经营性建设用地的，由农村集体经济组织自主入市。

建立健全市场交易规则。首先制定农村集体经营性建设用地入市管理办法，建立公开交易制度，形成城乡统一的市场交易规则；其次统一基准地价和税收制度，在城市基准地价管理实践基础上，进一步拓展基准地价编制范围，实现入市农村集体经营性建设用地地价全覆盖，构建完善的入市价格机制，形成城乡统一的基准地价体系；最后积极培育中介组织，为入市交易提供地价评估、交易代理等服务。

建立兼顾政府、集体、个人的土地增值收益分配和使用机制。首先建立土地增值收益分配机制，制定入市土地增值收益分配办法，确定合理的政府、集体和个人收益分配比例关系，适当提高个人收益；其次明确土地增值收益用途，农民集体经济组织取得的土地增值收益，按规定比例留归集体后，在农村集体经济组织成员之间公平分配，村集体经济组织取得的收益应纳入农村集体资产统一管理，制定经成员认可的土地增值收益分配办法。

强化民主决策和监管制度建设。建立集体土地资产处置民主决策制度，入市事项必须经相应的成员会议 2/3 以上成员或 2/3 以上成员代表同意；建立适应农村集体经营性建设用地特点和需要的规划、投资、财政、金融、审计等相关服务和监管制度，制定完善入市农村集体经营性建设用地抵押融资的具体办法；同时强化入市交易和资金使用的规范监督。

2.4.4 长垣市农村集体经营性建设用地入市存在的问题

2.4.4.1 确定入市主体

2014 年 7 月 2~3 日，国土资源部召开的农村土地制度改革三项试点工作培训班明确指出，村委会、村民小组可以代表村、组集体分别行使所有权，而对于乡（镇）集体所有土地，乡（镇）政府作为具有市场法人资格的机构，在试点中可以接受乡（镇）农村集体经济组织委托授权，作为入市实施主体，代表集体行使所有权。本着政企分开的原则，建议试点地区政府要指导集体经济组织尽可能选择土地股份合作社、土地专营公司等作为入市实施主体，不提倡乡（镇）政府作为入市实施主体。

按照国土资源部的要求，乡（镇）政府可以接受乡（镇）农村集体经济组织委托授权作为入市实施主体。长垣市没有乡、村、组集体经济组织，无法委托。若针对乡（镇）集体所有的土地设立集体经济组织，特别是成立股份公司等，将面对全乡（镇）几万群众的成员认定和股权分配，其操作起来将是非常困难的。

现实情况是，乡（镇）集体所有的土地均由乡（镇）政府管理和使用，村集体所有和村民小组集体所有的土地由村委会管理和使用。考虑乡集体所有的土地选择以下形式作为入市主体：一是由乡（镇、办事处）召集本辖区内各行政村法人代表——村长，组建本乡镇的集体股份制公司，按各行政村占全乡镇的人口比例作为其持有的股份比例，村长为股东代表，共同商议土地入市问题，股份公司则是入市主体；二是由乡（镇、办事处）指定集体经济组织作为入市申请主体；三是乡（镇、办事处）作为入市主体。但上述第一种形式操作难度大，很难做到完全按现代企业制度运转，很可能会和第二、第三种形式一样，仍受行政命令和乡（镇、办事处）的操控，短期内不宜实行，不如由乡（镇、办事处）作为入市主体更为直接和方便，入市收益公开并接受监督，也可起到同等效果。

2.4.4.2　界定入市范围

关于农村集体经营性建设用地入市范围，要打破城市规划“圈内圈外”的界定。对农村集体经营性建设用地入市范围可界定为：①不限制城市规划“圈内圈外”；②现在的土地用途为农村集体建设用地，包括农村居住用地、农村公共服务及基础设施用地、村办及乡镇企业用地等；③符合土地利用总体规划和城乡规划，现状用途属于集体经营性建设用地的。同时符合以上条件的即可入市。

2.4.4.3 明确入市途径

关于集体经营性建设用地的入市途径问题，除《关于土地征收、集体经营性建设用地入市、宅基地制度改革试点工作的意见》（中发办〔2014〕71号文）规定的以外，需要分类处理：

（1）没有合法用地手续的集体经营性建设用地使用权。对于并非合法取得且又不符合现行规划的，依法予以处理，并根据违法程度、原因等情形决定是否适当给予补偿。

（2）对于虽没有合法用地手续但符合现有规划的，准许通过补办出让手续并交纳出让金和相关税费的方式取得出让集体经营性建设用地使用权。

（3）有合法用地手续但不符合现有规划的，首先应尽量避免或者减少此种情形发生，如果确实需要调整规划并且导致原集体建设用地使用状况不再符合现有规划的，应当由集体收回用地使用权并给予补偿，而不能直接入市。调整后入市实际上是通过土地置换方式保障原土地使用权人的权利，是一种可供选择的变通的补偿方案，并且同样需要补办出让手续并交纳出让金和相关税费取得集体建设用地使用权，方可入市流转。

2.4.4.4 完善地价体系

参照国有土地建立有效的农村集体经营性建设用地入市价格机制是保证入市顺利进行的重要环节。其内容包括以下两个方面：一是建立政府对入市价格的调控机制，如城乡统一的基准地价制度、地价公示制度、最低限价制度、地价申报制度等。二是建立价格服务机制，如建立统一的城乡土地交易信息网，使集体经营性建设用地入市交易价格透明化、公开化。因此，要将农村集体经营性建设用地推入市场，当务之急是要尽快建立相应的地价体系及地价评估体系。

2015年11月，长垣市发布了《长垣县人民政府关于印发长垣县农村集体经营性建设用地使用权入市管理办法（试行）的通知》（长政文〔2015〕201号）和《长垣县人民政府关于公布实施长垣县农村集体经营性建设用地基准地价成果的通知》（长政文〔2015〕223号）制定了集体经营性建设用地基准地价，明确了入市最低保护价，并规定：鉴于目前社会对集体经营性建设用地入市有一个接受和认知过程，在制定集体经营性建设用地地价体系时，其地价略低于同条件的国有建设用地。集体建设用地使用权公开出让、租赁的起始价（起始租金）或协议出让价（协议租金），原则上不得低于集体建设用地基准地价（基准租金）的70%；因特殊原因，起始价（起始租金）或协议出让价（协议租金）低于70%的，该宗地在申请入市审批时，入市主体须提交加具公章的相关说明材料，说明材料应包含降低起始价（起始租金）或协议出让价（协议租金）的原因。

2.4.4.5　租赁土地的证书办理和抵押问题

在国家层面上尽快出台关于抵押权的相关政策规定。依法取得集体经营性建设用地使用权的权利人，在土地使用年期内，可将集体经营性建设用地使用权转让、出租、抵押，在县（市、区）土地管理部门办理相关土地登记手续。租赁入市的土地，都是按年份逐年缴纳租金的，有些地方认为这是一种不完全的土地权利，应颁发他项权利证书，而不应是使用证。按照《土地登记办法》（中华人民共和国国土资源部令第40号）第二十九条规定，依法以国有土地租赁方式取得国有建设用地使用权，当事人应当持租赁合同和土地租金缴纳凭证等相关材料，申请租赁国有建设用地使用权初始登记。在抵押方面，用地人通过入市方式取得土地使用权，如果想抵押融资，因用地人租赁土地是逐年缴纳租金，其评估价值会大打折扣，银行考虑到自身资金的风险，对租赁用地往往不予抵押贷款，要向用地人说明情况。

2.4.4.6 两规衔接和尽快启动村庄规划

按照规划部门要求，如需扩大规划覆盖范围，要与乡镇政府所在地成方连片，不能随意布局。长垣市土地利用总体规划和城乡规划仅编制到县城城区和乡镇所在地，虽然目前已将乡镇创业园用地纳入了村镇规划，但本次入市试点工作所涉及的农村集体建设用地远远超出当前规划所覆盖的范围。因此，建议自然资源部和住建部联合发文，一是土地利用总体规划和城乡规划在编制时要衔接；二是要尽快组织编制村庄规划。对于现状是农村集体建设用地，或与村庄集中连片，或紧靠公路、交通方便的，应尽量使其符合规划。

2.4.4.7 国家层面应尽快出台配套政策

农村集体经营性建设用地入市价格、土地增值收益调节金收取比例以及入市收益如何分配等是规范入市的关键问题，也是企业和群众最关心的核心问题。长垣市以前没有开展过农村集体经营性建设用地入市工作，无经验可循，因而担心在具体做法上与国家思路有偏颇，但是为了试点工作能够按计划顺利开展，长垣市参考《财政部〈国土资源部关于印发农村集体经营性建设用地土地增值收益调节金征收使用管理暂行办法〉的通知》并结合本市实际制定了调节金征收管理办法，希望在试点工作中固正纠偏。另外，有相当数量企业取得土地后需要抵押融资，但是我国在这方面没有明文规定，抵押政策不明朗，造成部分意向用地人犹豫不决。鉴于以上，建议我国尽快出台相关改革试点配套政策。

2.4.4.8 合理分配使用收益

农村集体经营性建设用地入市收益的分配是规范入市的关键问题。根据我国法律规定，集体建设用地是农村集体经济组织所有的财产，农村集体经营性建设用地初次入市的大部分收益理应归农村集体土地所有者。但是农村集体经营性建设用地在入市收益中包含了地方人民政府投资基础设施、环境保护等产生的土地增值收益，而且确定合理比例适当收取土地增值收益调节金和税金，可以实现土地征收转用与集体经营性建设用地入市取得的土地增值收益在国家与集体之间分享比例的大体平衡，因此县（市、区）人民政府可通过收取土地增值收益调节金和税收分享一部分集体建设用地入市收益。

长垣市起草了《长垣县土地增值收益调节金征收使用管理暂行办法》，第八条规定：集体经营性建设用地出让时按照基准地价等级分别按出让金总额的5%~40%，从出让金中提取和征收调节金。具体征收标准为商服用地：1~2级按40%，3~4级按30%，5~7级按20%；住宅用地：1~2级按35%，3~4级按25%，5~7级按15%；公共管理Ⅰ用地：1级按30%，2~3级按20%，4~5级按15%；公共管理Ⅱ用地：1级按20%，2~3级按15%，4~5级按10%；工业用地：1级按15%，2~3级按10%，4~5级按5%。出租和作价入股按增值收入的10%收取。

农村集体经营性建设用地入市收益分配比例可按照县（市、区）人民政府、农村集体经济组织、农民1∶2∶2进行分配，同时考虑到一般情况下入市地区的基础设施还需要进一步完善，县（市、区）政府可将该部分收益明确再用于该地区的基础设施建设和环境的改善。而农村集体经济组织取得土地收益，按规定比例留归集体后，在农村集体经济组织成员之间公平分配。农村集体经济组织取得的收益应纳入农村集体资产统一管理，制定经2/3以上成员认可的土地增值收益分配办法。

在农村集体经济组织内部，应建立合理的土地收益分配机制和严格的集体资产管理制度。第一，土地收益要用于兴办集体公益事业、改善集体内部成员的生产、生活环境和条件，为集体成员建立医疗、养老、失业等社会保障制度；第二，在保证第一条完全实现并且本集体经济组织内部2/3以上成员同意的情况下，可进行投资，使集体资产保值增值；第三，农村集体经营性建设用地入市收益应当在本集体经济组织全体成员的监督之下，由村民代表进行管理。农村集体经济组织每年支出预算和重要支出需征得 2/3 以上成员同意，收入支出情况、年底财务决算和其他重大经济活动纳入村务公开内容，接受政府和审计部门监督。

农村集体经营性建设用地在使用年期内再次入市的土地增值收益可按合同归土地所有者和原土地使用者分享。

3 农村集体经营性建设用地入市的制约因素和动力机制分析

3.1 农村集体经营性建设用地入市的制约因素

3.1.1 农村集体经营性建设用地权能缺位

农村集体经营性建设用地，是指具有生产经营性质的农村建设用地，包括农村集体经济组织使用乡（镇）土地利用总体规划确定的建设用地兴办企业或者与其他单位、个人以土地使用权入股、联营等形式共同举办企业、商业所使用的农村集体建设用地。

国家作为国有土地所有者并不能直接使用土地，而是由具体单位和个人来使用。国有土地的收益权一部分由土地使用者实现，另一部分由国家通过收取土地使用税（费）和土地使用权有偿出让的形式来实现。国有土地使用权的主体非常广泛，任何单位和个人，包括境外的企事业单位和个人，符合依法使用我国国有土地条件的，都可以成为我国的国有土地使用者。

由于我国法律禁止土地买卖，国家土地所有权一般不能流转，因而国家对国有土地的处分权主要是对土地使用权而言，划拨、出让或者确认、收回土地使用权的权利，都可以理解为对土地的一种处分。有偿取得的国有土地使用权，可以依法转让，因此，国家土地所有权中的处分权有一部分也可以有限制地由土地使用者来行使。国家在收回农民长期使用的国有土地时也要给予适当补偿。依法有偿受让取得的国有土地使用权，成为一种完整意义上的财产权，可以依法转让、出租、赠予、继承、抵押，与一般通过划拨取得的国有土地使用权不同的是"有偿""有期"，这是国家凭借土地所有权对使用权进行的一种限制，是实现土地所有权的一种措施。也就是说，国有土地使用权是从国有土地所有权中分离出来的一项民事权利；国有土地使用权是相对独立的物权，属于用益物权；国有土地使用权受法律保护。

2013 年 11 月，党的十八届三中全会发表的《中共中央关于全面深化改革若干重大问题的决定》指出，"要建立城乡统一的建设用地市场。在符合规划和用途管制前提下，允许农村集体经营性建设用地出让、租赁、入股，实行与国有土地同等入市、同权同价"。党的十八届三中全会提出了关于农村土地征收、集体经营性建设用地入市和宅基地制度改革的要求。2014 年 12 月，中共中央办公厅、国务院办公厅印发了《关于农村土地征收、集体经营性建设用地入市、宅基地制度改革试点工作的意见》，提出建立农村集体经营性建设用地入市制度。针对农村集体经营性建设用地权能不完整，不能同等入市、同权同价和交易规则亟待健全等问题，要完善农村集体经营性建设用地产权制度，赋予农村集体经营性建设用地出让、租赁、入股权能；明确农村集体经营性建设用地入市范围和途径；建立健全市场交易规则和服务监管制度。《土地管理法》规定"土地利用总体规划、城乡规划确定为工业、商业等经营性用途，并经依法登记的集体经营性建设用地，土地所有权人可以通过出让、出租等方式交由单位或者个人使用”，“通过出让等方式取得的集体经营性建设用地使用权可以转让、互换、出资、赠与或者抵押”，自此农村集体经营性建设用地经过近十年不断试点探索，可以合法进入市场交易。

3.1.2　集体所有权权属不明，主体虚位

土地作为重要的生产资料，实行社会主义公有制。根据法律规定，城市市区的土地属于国家所有。国有土地的唯一所有权主体是国家，国家行使土地所有权。农村和城市郊区的土地，除由法律规定属于国家所有的以外，属于农民集体所有；宅基地和自留地、自留山，属于农民集体所有。集体土地所有权具有众多的所有权主体，每一个农村集体经济组织，都是该集体土地的所有权人。土地公有制决定所有权主体的严格限定性，使得土地所有权主体只能是国家和集体（包括乡镇农民集体、村农民集体和农业集体经济组织内的农民集体），企业法人、公民个人等不能成为土地所有权的主体，但可依法获得土地使用权，成为土地使用权的主体。

但是主体多元容易导致权属争议。国有土地因其主体的单一性，不可能产生主体之间的土地所有权争议，而集体土地使用权则有可能因不同主体之间权利边界不清产生纠纷。集体土地所有权主体众多，集体土地所有权相互之间因历史问题、区划调整等可能引发所有权争议，集体土地所有权与国有土地所有权之间因法律政策调整、土地征收等也有可能引发争议，且集体土地使用权主体之间也会因权属不明、权利流转等引发纠纷。

集体所有权存在所有权主体虚位的现象。代表机构的成员在为集体利益进行判断和选择时，责、权、利不是一体的，权利由该成员享有，责任和利益却由集体承担，这就难免导致机构成员滥用权力，产生代理成本。当没有

有效的监督机制进行制约的时候，集体的所有权主体被虚置，负责机构成员取代了集体的权利主体地位。

3.1.3 农村集体土地产权制度不完善

3.1.3.1 集体土地所有权与国有土地所有权制度事实上的不平等性

集体土地产权制度缺陷，集体建设用地使用权具有不完整性，土地规划和土地用途管制造成了部分农业用地不能转变为建设用地，加上因农业用地与建设用地的巨额利差，难以同地、同权、同价，从而造成巨大的不公平。

集体土地产权制度缺位。《中华人民共和国宪法》（以下简称《宪法》）和新《土地管理法》对农村集体所有土地的所有权都作了明确规定："农村和城市郊区的土地，除由法律规定属于国家所有的以外，属于农民集体所有。""农民集体所有的土地依法属于村农民集体所有的，由村集体经济组织或者村民委员会经营、管理；已经分别属于村内两个以上农村集体经济组织的农民集体所有的，由村内各该农业集体经济组织或村民小组经营、管理。"已经属于乡（镇）农民集体所有的，由乡（镇）农村集体经济组织经营、管理。但由于在现实经济生活中，集体经济组织已不复存在，《土地管理法》又将农民集体所有的土地明确交由村民委员会及村民小组经营管理。但是，村民委员会及村民小组作为行政组织，是基层政权组织的延伸，而非经济组织，并不具备拥有集体土地所有权的资格，这种集体土地所有权主体的错位和缺位，极易产生损害农民利益的问题。同时，农村土地所有权是一种权能受限，特别是处分权受限的土地所有权。农村集体经济组织在行使土地所有权时，不能违背我国的《宪法》和《土地管理法》的有关规定。尽管《宪法》和《土地管理法》规定农村集体作为集体非农建设用地的所有者，但是由于村集体所取得的土地所有权是依靠国家强制力获得的，不是在市场中通过平等交易获得的，因此这种所有权是一种受限制的所有权。实际上，国家与集体共同拥有着集体非农建设用地的所有权。

集体建设用地使用权不完整。目前，对于集体建设用地使用权，有关法律或政策上确定了以下两个方面的权利：一是部分土地使用权享有抵押的权利。二是建设用地使用权容许作价入股或转让。但总体来说，是对集体建设用地使用权的权能有所限制。另外，由于我国在许多法律法规中对农民集体所有建设用地所有权的权能作了限制，其土地产权具有一定的不完整性。而对集体建设用地使用权来讲，权利主体也并不具备完整的处分权、收益权，与国有土地使用权相比，其产权流转也受到很多限制，明显处于不平等地位，体现在相关法律对农民集体所有建设用地流转作了严格的限制。这种不完整性和不平等性在某种程度上导致了大量集体建设用地的私下流转，在利益机制的驱使下，致使不同主体以各种形式参与集体建设用地在隐形市场的流转。

3.1.3.2　集体建设用地入市机制不健全

传统的计划手段仍旧在集体建设用地的配置中起着主导作用，流转机制的建设滞后于市场经济的发展步伐。具体表现为：

（1）市场机制不够完善。市场的功能只有在市场交易双方完全自愿自由地商订合同条款和交易价格的情况下，才能充分地发挥。而现实是相对于国有土地使用权流转市场而言，集体建设用地市场机制不够完善：一是国家对集体建设用地入市的严格控制致使集体土地的价值严重脱离市场规律，土地价格过低引发了私自交易的形成；二是集体建设用地入市的中介服务组织发育严重滞后，缺乏土地评估机构、土地融资服务机构、土地保险服务机构等，现行的土地使用权交易服务工作主要由村集体包办，因而失去了中介机构应有的效率和公正。

（2）管理职能不明确。目前对集体土地实行的是“垂直管理，双重领导”的管理体制。这一体制虽然体现了土地行政权的高度集中，对保护耕地、提高土地资源的利用率有着积极的作用，但由于“双重”领导，土地管理机构作为执法主体未能完全游离于同级政府的行政职权之外，对同级政府的违法行为缺乏有效监督。地方土地管理部门的“执法不严，违法不究”，在一定程度上导致集体建设用地入市行为泛滥，造成集体建设用地浪费和粗放经营问题十分严重。

（3）利益分配不当。集体建设用地进入市场进行流转不可避免地会对国有土地市场造成一定的冲击，集体建设用地入市过程中收益分配方面要处理好农户、集体经济组织、政府三方收益分配格局。目前很多地方集体建设用地使用权流转过程中的收益分配情况较为混乱，所有者、使用者和各级政府之间的利益分配关系不清晰。现行的集体建设用地入市中的收益分配，基本上是谁流转、谁受益。农民出租住宅，获得全部的收益，作为土地的所有者农民集体却分文未得；部分乡镇企业先以划拨的形式获得集体建设用地使用权，然后将其流转给他人，从中获得巨额利益，同样未能体现所有者在经济上的权益和国家的利益；许多地方村干部成为了事实上的土地所有者，把处置集体建设用地的收益中饱私囊；部分地方政府以国家基础设施投资导致土地增值为由，凭借强制手段，过多地分割了集体建设用地入市的收益。一方面，各级政府对入市管理太死板，政府收益分配比例过高；另一方面，集体土地所有者绕开政府进行私下交易，侵占由国家投资带来的土地增值收益，还有些甚至是土地使用者私下流转土地，造成集体和国家土地收益的双重流失。

3.1.3.3 城乡分治形成不合理土地征收制度

长期以来，我国一直实行城乡分治，农村与城市土地分别适用不同的法律规则，由不同的行政机构进行管理，形成不同的市场和权利体系。由此也形成我国土地市场城乡分割、政府主导的独特格局。自20世纪90年代以来，我国这种独特的二元土地制度为高速工业化和快速城镇化做出了重大贡献，但也带来土地市场发育不完善、农民土地财产权利被侵犯和土地利益矛盾加剧等问题。

城乡分治的土地征收制度下高昂的社会成本和在土地资源配置中的低效甚至无效，已经严重不适应市场经济背景下统筹城乡发展的要求。在市场经济条件下，土地征收制度造成土地资源配置过程中市场失灵和政府失效同时并存的局面。城市因人口增加导致用地不断扩张，农村人口虽在减少但建设用地不但没有减少，反而也在扩大。进城农民很难在城市购房而不得不忍受极差的租房条件，但同时其在农村的住宅因长期无人居住而加速破败。由于高度垄断且缺少有效的规制，土地征收和供给成为极易寻租的领域，征地冲突威胁着农村的社会稳定与和谐。

党的十八届三中全会提出，在符合规划和用途管制前提下，允许农村集体经营性建设用地出让、租赁、入股，实行与国有土地同等入市，同权同价，缩小征地范围，规范征地程序，完善对被征地农民合理、规范、多元保障机制。这实际是对征地制度改革的一大突破，选准了征地制度改革的突破口和着力点，对全面展开征地制度改革和实现统筹城乡发展具有重要的价值。

3.1.4 农村集体经营性建设用地直接入市风险较大

由于缺乏政府监管与规范的市场机制，集体建设用地的市场价值在入市中不能得到充分体现。入市交易的双方商榷确定的入市价格失真，加之农村地权关系复杂、集体经济组织结构不完善等原因，可能导致集体土地入市收益去向不明，集体土地利益流失，集体及农民个人的利益遭受巨大损害。

3.1.4.1 土地投机频发加大农民失地风险

农村集体经营性建设用地直接入市流转之后，其暴增的经济价值必定吸引大量投机势力涌入。再加上农民较低的议价能力、开发企业的趋利性质及各方面对土地的渴望，一旦政策出现空隙，资本和权力就会相互利用和勾结，使本来有着积极作用的集体建设用地土地流转演变为资本与权力的盛宴，在农村发起一场新的“圈地运动”，很可能导致分配关系扭曲，农民失地风险暴增，给农民和国家利益造成巨大损失。短期来看，集体建设用地入市可以让农民获得较高的货币补偿，但从长期来看，农民并未获得较高的土地增值收益且并未获得长远利益，相反却丧失了赖以生存与养老的土地。

3.1.4.2 利益分配不均影响社会和谐稳定

城市建设用地入市收益分配问题始终没有解决，农村集体经营性建设用地一旦直接入市，不仅政府、市场、农村集体经济组织和农民之间面临利益分配问题，土地使用者由于规划和用途管制所导致的不同土地用途增值差异也会引发利益分配不均，进而影响社会和谐安定。

3.1.4.3 城镇化发展成本和风险增加

一方面，农村集体经营性建设用地直接入市之后，土地出让收入的大幅度减少导致的地方政府收入锐减，城市土地开发、基础设施投入、保障房建设等公共事业投入相应减少，城镇化进程必然减缓；另一方面，当集体建设用地可以直接入市之后，为了避免政府与农民的对立，征地补偿只能按照市价进行，征地成本极大提高。同时，由于入市后土地经济价值较大，农民会更为重视征地补偿的公平性，导致征地矛盾依然尖锐。另外，流转入市后随着农民工人口城镇化后带来的医疗、教育和社会保障等城市压力，将会进一步提高城镇化成本，增加城镇化发展风险。

3.1.4.4 农地非农化倾向影响粮食安全生产

严守18亿亩耕地红线、严格控制城乡建设用地规模是土地管理的重点。不少地方打着城市发展的旗号，大肆侵占农用地以保障建设用地供给。农村集体经营性建设用地能够直接入市流转之后，以利润最大化为目标的市场准则指引下，巨大的利益驱动自然会引起农地转用的热潮，必然会极大地加重农用地的管理压力。伴随着耕地数量的锐减、高质量耕地转为建设用地带来的整体耕地质量的下降，集体建设用地直接入市所带来的土地非农化倾向，将对保障我国粮食安全带来较大的风险。

3.2 农村集体经营性建设用地入市动力机制

3.2.1 农村集体经营性建设用地入市原动力

3.2.1.1 市场经济发展的客观要求

党的十八届三中全会通过的《中共中央关于全面深化改革若干重大问题的决定》，把以往发挥市场在资源配置中的基础性作用改为使市场在资源配置中起决定性作用。这是深刻总结我国社会主义经济建设经验、适应完善社会主义市场经济体制新要求作出的创新和发展。“市场决定资源配置是市场经济的一般规律，市场经济本质上就是市场决定资源配置的经济。”土地作为生产要素之一，要求通过市场配置，符合市场经济发展的客观规律。在市场经济条件下，土地作为生产要素市场中的一种特殊产品，同资金、劳动力、技术、信息等生产要素一样，客观上要求流动，要求通过市场配置，追求利益的最大化，这是市场经济的客观规律。

3.2.1.2 完善土地法律制度的必然要求

为加强和规范对土地使用权的管理，我国先后颁布了针对城镇国有土地使用权的《城镇国有土地使用权出让和转让暂行条例》和针对农村农地使用权的《中华人民共和国农村土地承包法》，而对数量庞大、社会关系复杂的集体建设用地使用权却至今没有进行专门的立法。目前对农村集体建设用地使用权的调整只能依靠《土地管理法》中的几条零星规定，但随着社会经济的发展，这几条零星规定也显得滞后和不合时宜，无法满足数量庞大的集体建设用地使用权流转的需要。在法律上确立集体建设用地使用权流转应有的法律地位，是国家社会经济发展的必然要求。

3.2.1.3 实现土地产权平等的需要

在我国，国有土地和集体土地产权的不平等关系长期存在。国有土地的所有权、使用权分离后，使用权实际上是可以转让、抵押、出租的，即法律按不动产用益物权的模式设计其运作，而农村建设用地却不然，至今不能自主地入市，不能享有用益物权的处分权能。这种长期存在的不平等关系，形成我国“两种产权、两个市场”的二元结构。与相同法律体制下的国有土地相比，农村集体建设用地使用权在权利内容、交易主体和范围上存在着法律上的不平等。从国有土地与集体土地的产权来看，农村集体建设用地使用权入市流转是保护农村土地产权，实现“两种产权”平等的要求。

3.2.2 农村集体经营性建设用地入市外在动力

3.2.2.1 全面深化农村改革加快推进农业现代化的必由之路

2013 年，党的十八届三中全会决议《关于全面深化农村改革加快推进农业现代化的若干意见》中明确提出：“在符合规划和用途管制的前提下，允许农村集体经营性建设用地出让、租赁、入股，实行与国有土地同等入市、同权同价，加快建立农村集体经营性建设用地产权流转和增值收益分配制度。”2014年，《关于引导农村土地经营权有序流转发展农业适度规模经营的意见》中指出：“伴随我国工业化、信息化、城镇化和农业现代化进程，农村劳动力大量转移，农业物质技术装备水平不断提高，农户承包土地的经营权流转明显加快，发展适度规模经营已成为必然趋势。实践证明，土地流转和适度规模经营是发展现代农业的必由之路。”

3.2.2.2 国家新型城镇化建设的迫切需求

国家新型城镇化发展是不以牺牲农业和粮食、生态和环境为代价，着眼农民，涵盖农村，实现城乡基础设施一体化和公共服务均等化，促进经济社会发展，实现共同富裕。新型城镇化伴随着农业活动的比重逐渐下降、非农业活动的比重逐步上升，以及人口从农村向城市逐渐转移这一结构性变动。新型城镇化的“新”就是要由过去片面注重追求城市规模扩大、空间扩张，改变为以提升城市的文化、公共服务等内涵为中心，真正使我们的城镇成为具有较高品质的适宜人居之所。新型城镇化坚持以人为本，核心是农村人口转移到城镇，完成农民到市民的转变，而不是建高楼、建广场。农村人口转移不出来，不仅农业的规模效益出不来，扩大内需也无法实现。在当前的农村城镇化建设中，一方面，城镇建设需要大量的建设用地进入市场进行流转；另一方面，农村集体建设用地流转法律问题成为新型城镇化建设中无法逾越的鸿沟，而且已经明显成为了一个“瓶颈”。如何有效解决农村集体建设用地入市的法律困境，使之适应农村城镇化建设步伐，就成为一个迫切需要解决的问题。

3.2.2.3 破解城乡二元结构推进城乡统筹发展的动力源泉

中国是一个发展中的人口大国，破解城乡二元难题，统筹城乡发展任务异常艰巨。统筹城乡的本质是要通过以工促农、以城带乡来妥善处理“失衡的城乡”关系即城乡利益分配问题。人多地少是我国推进城镇化最大的制约因素，而农村集体土地所有权，宅基地和集体建设用地使用权是农民及农民集体重要的土地权利，直接关系到每个农户的切身利益，因此包括集体建设用地入市在内的农村土地制度改革是推进城乡统筹发展，破解城乡二元结构的动力源泉。

3.2.3　农村集体经营性建设用地入市客观原因

改革开放以后，伴随着乡镇企业的“异军突起”和市场化改革的不断深入，集体建设用地市场空前活跃，而且是遍地开花、愈演愈烈。集体建设用地市场不仅支撑和助推了乡镇企业的大发展，而且对城镇化做出重要贡献。大量新增加的小城镇，主要是乡镇企业发展带动起来的，也可以说是在集体建设用地市场基础上形成的。目前全国集体建设用地的情况是：入市普遍存在、入市的主体多元化、入市的形式多样化、流转的对象以乡镇企业用地为主、入市的数量与经济发展和城镇化水平高度相关。在经济发达地区，特别是珠江三角洲和长江三角洲等地区，乡镇企业的崛起，还促成了一批新兴的大中城市。

然而，集体建设用地使用权入市在现实中的乱象十分明显，自发流转危害性已影响到了农村社会稳定与城镇化的健康发展。一是流转市场无序。土地利用混乱，土地市场秩序受到严重干扰。特别是在珠江三角洲、长江三角洲地区，农村建设用地流转出现“遍地开花”的现象。二是入市违法难禁。未经批准随意占用耕地并出让、转让、出租用于非农建设，或低价出让、转让和出租农村集体土地，交易行为扭曲，工业用地以联营为名进行转让、出租之实等市场交易违法违规行为难以禁止。三是入市程序失范。流转主体（主要是集体组织）法律地位不明确，入市程序失范，交易安全得不到保障，引致流转纠纷不断。四是入市监管混乱。农村土地产权关系混乱、集体经济组织结构不完善，农民集体维权上访，农村集体经营性建设用地的流转已经从农村组员的“一致对外”到对内“挑战监管”的明显转变。

3.2.4 农村集体经营性建设用地入市直接诱因

3.2.4.1 维护集体土地所有者合法权益的必然要求

在现有法律框架下，农民集体所有的土地，如果要进入市场，或通过转变用途获得增值，只有一种途径，即改变所有权，由政府将集体土地征收为国有土地，此后其使用权才可以有偿出让。但是，恰恰是在土地征收过程中，由于我国现行土地征收制度固有的缺陷，农民的土地财产权益受到了侵害。无论是农民集体还是农民个人，都不愿意通过征地将集体土地转为国有。所以，引导集体经营性建设用地入市流转是维护集体土地所有者合法权益的必然要求。

3.2.4.2 促进农村集体经济发展，更好地保障农民权益的客观要求

开展集体经营性建设用地入市制度改革，是全面激活农村土地资产，促进农村集体经济发展，更好地保障农民权益的客观要求。如何建立兼顾国家、集体、个人的土地增值收益分配机制，合理提高个人收益，是集体经营性建设用地入市制度创新成败的关键。开放集体经营性建设用地市场进而建立城乡统一的建设用地市场，要求通过更好地发挥市场在土地资源配置中的决定性作用，实现好集体土地资产收益，要求通过强化政府的公共管理职能，更好地发挥政府在集体经营性建设用地入市流转收益中的调节作用，平衡好各类土地经济关系，要严格规范集体土地收益内部管理，保护好农民个人的集体土地收益权。

3.3 农村集体经营性建设用地入市可行性分析

3.3.1 入市政策环境与法律创新空间

3.3.1.1 农村土地制度改革顶层设计

党的十八届三中全会关于《中共中央关于全面深化改革若干重大问题的决定》对农村土地制度改革作出了全面部署，提出要建立城乡统一的建设用地市场，有许多创新和突破：在符合规划和用途管制前提下，允许农村集体经营性建设用地出让、租赁、入股，实行与国有土地同等入市、同权同价。缩小征地范围，规范征地程序，完善对被征地农民合理、规范、多元保障机制。扩大国有土地有偿使用范围，减少非公益性用地划拨。建立兼顾国家、集体、个人的土地增值收益分配机制，合理提高个人收益。完善土地租赁、转让、抵押二级市场。

2015年，中共中央办公厅和国务院办公厅联合印发了《关于农村土地征收、集体经营性建设用地入市、宅基地制度改革试点工作的意见》（以下简称《意见》），这标志着我国农村土地制度改革即将进入试点阶段。《意见》指出，坚持土地公有制性质不改变、耕地红线不突破、农民利益不受损三条底线，在试点基础上有序推进。推进农村土地制度改革的基本出发点是为了增加农民的财产性收入，推进土地制度改革要坚持审慎、稳妥的原则，规范有序推进，无论是承包地的抵押、农村集体经营性建设用地的入市，还是住房财产权的流转都要先进行试点。

3.3.1.2　在有序入市流转中实现“三权分置”

2014年，国务院发布的《关于引导农村土地经营权有序流转发展农业适度规模经营的意见》明确提出，在坚持农村土地集体所有制的前提下，实现所有权、承包权、经营权三权分置，建立的是土地承包权流转市场、经营权交易市场，保护流转、经营方的正当权益。

对于允许农村集体经营性建设用地入市，一是允许入市的是集体的经营性建设用地，并不是集体所有的建设用地和其他耕地；二是要符合规划，即使取得土地使用权，要建设什么也要符合规划；三是用途管制，允许入市的只是农村集体经营性建设用地，必须在符合规划和用途管制的前提下，农村集体的经营性建设用地才可以出让、租赁、入股。

农村集体经营性建设用地入市，首先要确权、确地，不能无证转让，同时还要规范公开市场操作，不能私下授受，所以需要开展试点。推进土地制度改革的基本出发点是为了增加农民财产性收入，不是为了解决城市建设的用地指标，不是让城市居民到农村购买宅基地盖房子，也不是鼓励工商资本到农村圈地。工商企业流转土地绝不能让土地农转非，绝不能土地非农化，更不能变相地建设庄园、别墅、度假村。

3.3.1.3　入市制度创新

规范农村集体土地公用征收制度。国有土地出让金已经成为中国地方政府的一个重要资金来源渠道。地方政府从自身利益出发，不愿意积极实施农村集体经营性建设用地入市流转，假借公用征收制度，滥用土地征用权，任意扩大征用范围，将可自主入市流转的农村集体建设用地转为国有。如何规范目前的公用征收制度，直接决定了农村集体经营性建设用地入市流转的发展空间。为此必须规范征地程序，并通过缩小征地范围，扩展农村集体经营性建设用地入市流转的空间，同时要改变乡镇政府垄断集体建设用地一级市场的现状。农民集体建设用地使用权有偿使用协议由用地单位与农村集体经济组织签订，乡镇人民政府不得以成立投资公司的名义与农村集体经济组织签订集体建设用地有偿使用协议，再以投资公司的名义与用地单位签订集体建设用地使用权流转合同，变相侵害农民的利益。

深化行政审批制度改革。地方政府审批一方面可以降低农村集体经营性建设用地使用权出让时的不规范性，杜绝破坏土地市场秩序，降低土地利用效能，避免损害农民自身利益等现象的发生；另一方面必然容易导致相关政府部门的权力寻租，引发腐败现象，并且对土地利用效能造成损害。农民集体是市场主体，会最大限度地发挥自身土地的价值，通过健全农民集体决策机制和农民民主参与机制，农民自己会做出自身利益最大化的土地入市流转方案。部分试点地区已经试行，集体建设用地使用权入市流转环节不需要行政审批，严禁随意设置审批程序。

优化乡镇土地利用规划。目前，乡镇土地利用规划不完善，乡镇土地利用规划缺乏科学性，乡镇土地利用规划权威性不强，乡镇土地利用规划和城市规划脱节，这些问题难以确保农村集体建设用地市场的有序发展。为此，要强化我国农村土地利用规划工作，依法按期完成乡镇土地利用规划编制；要强化乡镇地区土地利用规划的科学性，在兼顾社会整体利益的前提下充分尊重本地居民的地方经济发展意愿；要强化乡镇地区土地利用规划的权威性，促进乡镇地区土地利用规划和地区城市建设规划之间的衔接。

3.3.1.4 入市流转法律创新

“农村建设用地使用权流转问题的实质不在于流转制度本身，而在于真正意义上的农村建设用地使用权制度并没有建立起来。”明确城乡建设用地使用权的内涵和法律定位，复原集体建设用地使用权的完整权能，推进集体建设用地使用权的入市流转，是城乡建设用地使用权统一入市流转的立法基础。

当前，我国已有的法律从来就没有允许农村集体建设用地直接入市流转的条款，如现行的《土地管理法》中规定，农民集体所有土地的使用权不得出让、转让或者出租用于非农业建设。而集体建设用地直接入市流转的必然前提是修订并建立完善精确细致的法律法规体系，且必须做到“有法可依、有法必依、执法必严、违法必究”，充分保障其权威性不受侵犯。面对农地非农化现象，必须充分强化土地利用规划的用途管制刚性，确保农地转用必须进行最为严格的审批管理，强化对非法转用惩罚措施，必要时应采取刑事手段，以保护耕地、保证国家粮食安全和土地资源的永续利用。

3.3.2 入市预期成本效益分析

3.3.2.1 农村土地有序入市，引导农业适度规模化发展与市场化经营

土地的所有制不会改变，这是根本，而建立在现行产权基础上的承包权、经营权等可以进行交易。集体经营性建设用地入市的农村土地制度改革试点工作，将引导农村土地有序入市流转，发展农业适度规模经营，在坚持农村土地集体所有制的前提下，实现所有权、承包权、经营权“三权分置”，建立的是土地承包权流转市场、经营权交易市场，保护流转、经营方的正当权益。不改变土地所有权性质，实行承包权交易、经营权抵押等，盘活现有的土地资产，促进了现代化农业的长足发展。集体经营性建设用地入市实际上在各个地方尤其是经济发达地区已经非常普遍，集体经营性建设用地入市是对市场经济这一自发现象的追认。

3.3.2.2 盘活僵化的土地资产，利于构建新型农业经营体系

农村集体经营性建设用地入市盘活了集体存量资产，彰显了土地资产价值。农村集体经营性建设用地入市，让土地从僵化的资产成为活的资产，也

在一定程度上解决了农业生产资金不足的问题，可以发展壮大集体经济。稳定农村土地承包关系并保持长久不变，在坚持和完善最严格的耕地保护制度前提下，赋予农民对承包地占有、使用、收益、流转及承包经营权抵押、担保权能，允许农民以承包经营权入股发展农业产业化经营。进而，承包经营权在公开市场上向专业大户、家庭农场、农民合作社、农业企业流转，进而发展多种形式规模经营，利于构建新型农业经营体系。

3.3.2.3 增加农民的土地收益，显化其土地财产权利

农民土地权利的实质是土地收益权。按照国家规定，农民集体所有的土地只有被征为国有后才能进入市场，结果大部分土地增值收益由国家所得，剥夺了农民的土地财产权利。而进行农村集体经营性建设用地的流转，就不用通过国家征地这一关，实行与国有土地同等入市、同权同价，并直接由农民集体自行决定土地的去向，让农民真正享有农村集体土地产权的权益。进行农村集体经营性建设用地入市试点，一方面，农户可以以土地租金形式取得入市收益。如村集体与农民签订土地入市流转协议，确定农户土地收益并颁发土地收益证，农户按土地入市流转协议取得土地租金或乡镇政府统一进行土地开发入市，大多由乡镇一次性提取土地转让补偿费，然后以每年支付租金的形式拨付到村。另一方面，可以通过土地股份合作制，将土地折价入股，农户每年按入股分红。同时，可以通过村集体扩大再生产和集体福利享受入市收益。从正在试点的入市收益分配中可以看出，集体建设用地入市收益的绝大部分留在了集体内部，农民集体能够得到更多的实惠。通过对集体土地进行市场化运作，建立了农村社会保障体系，其资金主要来源于土地补偿费和建设用地土地有偿使用费。农村集体土地在入市流转中成功地完成了价值转化，农民利益在土地入市流转中得到了有效的保障，农民得到了实惠，从而农村集体经营性建设用地入市流转受到了广大农民的拥护。通过集体建

设用地入市流转，越来越多的农民从土地经营中获得了收益保障。

3.3.2.4　缓解土地需求压力，完善城镇土地市场

农村集体建设用地入市流转是我国土地利用管理制度的创新，推动了全国各地城镇土地市场的建设。一方面，土地市场的交易中介、交易范围、交易对象等得到快速发展，也使城镇土地市场的管理制度、管理手段、管理信息技术平台等方面取得了长足的进步。另一方面，随着我国城镇化发展快速推进，各类建设对土地的需求持续增加，在我国农村非农建设中，土地粗放利用、铺张浪费现象又普遍存在。在一些小城镇，大量占而未用的所谓“开发区”土地和乡镇企业用地被闲置。通过土地流转来盘活农村集体建设用地存量，减少建设用地增量，可以有效地缓解土地需求压力，完善城镇土地市场，同时保护耕地工作取得了明显成效。

3.3.2.5　优化土地资源配置，加快城镇化进程

改革开放后，尤其是20世纪90年代以来，城镇规模空间扩张、乡镇各类开发区及村镇企业占用了大量的农村集体土地，有的企业倒闭或经营管理不善导致土地闲置，造成了土地资源的浪费。通过集体建设用地流转，一方面，通过对集体土地进行市场化运作，可以充分利用集体存量建设用地而减少建设用地增量的增加，减少闲置土地数量。另一方面，可以引进新的企业投资，为地区发展引进资金，增加了土地的资产价值，提高了土地利用效率。通过集体建设用地流转，有助于盘活农村建设用地、有效配置土地资源、最大限度地发挥土地效用。允许农村集体经营性建设用地入市，通过建设用地使用权的转让来吸引城镇建设投资经营，引导闲置的土地用于小城镇建设和改造，降低城镇化成本，促进城镇化水平的提高。如将土地入市拍卖所得的资金投入城镇基础设施建设，初步形成了工业、行政、商贸、生活等各具特色的功能小区，城市功能和基础设施逐步完善。同时，在农村集体经营性建

设用地入市过程中，积极引导产业向园区集中，有力地推动了城镇产业合理布局和结构优化，促进产业集群化发展。

3.3.3 小结

本章主要探讨了农村集体经营性建设用地入市制约因素和动力机制。

研究认为，影响农村集体经营性建设用地入市的制约因素主要有农村集体经营性建设用地权能缺位、缺少法律保障、产权制度不完善、直接入市风险较大等。农村集体经营性建设用地与国有土地权属不同、集体土地使用权与国有土地使用权的权能不平等造成农村集体经营性建设用地权能缺位。农村集体经营性建设用地入市缺少法律保障体现为集体所有权权属不明、主体虚位、入市无明确法律保障。产权制度不完善体现在集体土地所有权与国有土地所有权制度事实上的不平等性、入市机制不健全、城乡分治形成不合理土地征收制度等。同时，农村集体经营性建设用地直接入市风险较大，表现在土地投机频发加大农民失地风险、利益分配不均影响社会和谐稳定、城镇化发展成本和风险增加、农地非农化现象影响粮食安全生产等。

对集体经营性建设用地入市动力机制的分析，主要从原动力、外在动力、客观原因及直接诱因等方面进行了深入剖析。市场经济发展、完善土地法律制度、实现土地产权平等等方面的现实要求构成了农村集体经营性建设用地入市原动力。全面深化农村改革加快推进农业现代化、国家新型城镇化建设、城乡统筹发展形成入市的外在动力源泉。现实中的集体建设用地入市乱象丛生是导致农村集体经营性建设用地入市改革的客观原因。维护集体土地所有者合法权益、促进农村集体经济发展则构成入市的直接诱因。

对于农村集体经营性建设用地入市可行性的分析，主要从政策环境与法律创新空间、预期成本效益两方面进行分析。国家农村土地制度改革顶层设计、有序入市流转中的“三权分置”等构成入市的政策环境创新空间，规范农村集体土地公用征收制度、深化行政审批制度改革、优化乡镇土地利用规划等构成了入市制度与法律创新空间。农村集体经营性建设用地入市预期成本效益主要体现为引导农业适度规模化发展与市场化经营，利于构建新型农业经营体系、增加农民的土地收益，在一定程度上缓解土地需求压力，优化了土地资源配置等方面。

4 集体经营性建设用地入市土地增值收益分配机制研究

构建合理、有效的土地增值收益分配机制，能够确保农村集体经营性建设用地在入市过程中其所有者能够获得更多的土地收益，同时通过出让、租赁或入股等方式使农村集体经营性建设用地入市后农民生活质量得到保障，有效地分享城市化进程中由土地增值带来的经济收益、就业和社会保障等福利，是有序推进集体经营性建设用地入市的重要环节。

4.1 集体经营性建设用地入市增值收益分配的目标

4.1.1 确保农民享有充分的土地增值收益

党的十八届三中全会强调要建立兼顾国家、集体、个人的土地增值收益分配机制，合理提高个人收益。对于政府而言，要积极探索增加农民对土地增值收益分配的有效途径，尽快实现单一货币补偿向长效共享机制的转化，确保农民获得更多的土地增值收益，实现城镇化建设与保障农民权益之间的相对平衡。要实现土地增值收益合理、公平、有效的分配，首先要确保农民享有明确、充分的土地权能，以保障农民获得集体经营性建设用地入市中的土地级差收益的权利。考虑到在集体经营性建设用地入市过程中权利主体的虚位将导致入市各方主体滥用权力以获取土地收益，明确集体经营性建设用地的范围、明晰土地产权是集体经营性建设用地入市的基本条件。通过土地调查和变更调查确定农村集体建设用地家底；参照国有建设用地有偿使用制度，依法确立集体经营性建设用地所有权人享有充分的占有、使用和收益的权利；通过对集体经营性建设用地确权和登记发证，确定土地权属界限，详细载明土地的界址、面积、用途、使用条件等，确认无争议的所有权。

4.1.2 确保农民共享城镇化的长效收益

农村集体经营性建设用地入市应建立起以农民利益为核心的、“多赢”的土地增值收益分配机制，探索和建立农民分享土地入市交易的价值增值的长效机制，使农民能够参与分享土地开发利用所带来的长远、稳定的利益。尤其是随着城镇化进程的快速推进，由于“城中村”“棚户区”改造涉及集体存量建设用地的入市交易，应该按照政府主导、多方参与的原则，依据经批准的规划开展土地综合整治，对规划范围内的各类土地进行统一的拆迁整理、基础设施配套建设、重新划分宗地和确定产权归属。尤其是对由“城中村”改造涉及的集体经营性建设用地入市，在优先保障城中村居民住房安置用地后，由农村集体经济组织通过出让、租赁或作价入股等方式自主入市。

4.1.3 探索有效的土地增值收益分配形式

长期以来，我国农村土地增值收益分配形成了“转权让利”和“保权让利”两种模式。转权让利模式是指将农村土地的所有权转为国有，并补办国有土地出让或租赁手续，收取的土地收益大部分返还集体经济组织，这种形式主要用于集体建设用地。保权让利模式是指在保持集体土地所有权不变的前提下，仿照国有土地有偿使用管理的方式，将集体土地按照一定年限通过转让、出租、入股、联营等方式直接流转，土地大部分收益留给集体经济组织。保权让利模式是一种直接入市模式，核心内容是实行国有和集体土地两种产权、统一市场、统一管理。转权让利和保权让利模式对应的两种土地增值收益分配模式，分别是一次性地获得增值收益和逐步稳定地获得增值收益。基于保权让利的分配模式，地方政府应该明确土地增值收益的核算办法，在综合考虑土地增值收益形成因素的基础上确定合理比例收取土地增值收益调节金，确定合理的政府、集体和个人收益分配的比例关系，适当提高个人收益，实现土地征收转用与农村集体经营性建设用地入市取得的土地增值收益在政府与集体之间分享比例的大体平衡。

4.1.4 加强对土地增值收益分配的实时监督

任何一种机制的运行，都缺少不了监督。只有社会监督机制的加入才能确保集体土地增值收益分配公平合理。社会监督机制包括监督主体、监督机制、监督动力和监督客体等。监督主体从单一走向多元，在集体土地增值收益分配过程中，传统上只受政府的监督，农民缺乏参与的渠道和表达的途径，而且政府本身的行为缺少监督，导致政府寻租现象不断出现。现在，公众和媒体的监督逐渐增多，使集体土地增值收益分配的监督主体走向多元化。农民可以通过集体合作社代表民意参与分配的监督，以避免农民个人监督的力度不够。监督的动力是追求公平、合理的利益分配。公平体现在公正平等，要求分配过程公正，利益主体追求平等的分配权利。合理就是合乎道理或事理，要求分配考虑个体与整体之间的利益均衡。集体土地增值收益分配机制构建正是源于农民和社会追求土地增值公平、合理分配的动力。在监督实施机制方面要按照基层工作的有关要求，对入市交易和土地增值收益分配、使用的过程进行全方位的监管，包括采取审计措施，加强对政府收取调节金和集体留存资金的使用监管，确保按规定用途使用。充分发挥村务监督机构的作用，将集体留存资金的使用情况纳入村务公开，广泛开展农民的公开监督监管。

4.2 集体经营性建设用地入市土地增值收益分配的原则

集体经营性建设用地土地增值收益分配要在遵循市场规律的条件下构建，这就需要确立一种不同于以往的“以计划为中心”的分配原则，本书认为，公平原则、效率原则、物权原则以及按贡献分配原则可以较好地达到合理分配土地增值收益的目的。

4.2.1 公平原则

公平就是要求社会成员之间的收入差异要尽量平等，不能过于悬殊。公平原则应当从三个层面分析：首先是前提条件公平。前提条件的公平又称为机会公平和规则公平，这是确保公平的基础，实现前提条件公平就应当在明确参与土地增值收益分配主体的条件下，通过制定各种法律、法规，确定不同主体之间的法律地位的平等。其次是分配过程公平。分配过程的公平是指收益分配各个主体的收益与其付出或损失相对等，不论对于哪一个利益主体，只要付出了劳动，就应当获得相应的报酬，具体到集体经营性建设用地增值收益分配，就是指等量土地获得等量地租，否则，在收益分配过程中，社会资源既不可能得到充分、有效的配置，又会出现大批农民利益受损的局面。最后是结果公平。一旦发生权利与义务的失衡，就需要遵循正义与理性进行结果调整，使其尽可能达到平衡状态，具体到集体经营性建设用地增值收益分配而言，就是要政府采取不同措施对收益分配过程进行干预，促使分配结果的公平。

4.2.2 效率原则

效率是指在一种状态下总收益与总成本之间的关系，可以从两个方面来理解：一方面，在一个给定的投入量中获得最大的产出，即以最少的资源消耗取得同样多的效果，或以同样的资源消耗取得最大的效果；另一方面，在不让另外一个人处境更糟的前提下，使至少一个人的处境更好。效率原则是指以获取效率最大化为目的，或者说以最小成本实现土地的最优化配置，它包括三大原则，即帕累托最优、经济（发展）效率最大化、交易成本最小化。集体经营性建设用地增值收益分配机制必须有助于实现土地资源的有效配置，实现社会效用最大化，即帕累托最优，它是公平与效率的“理想王国”。在进行集体经营性建设用地增值收益分配机制设计时应坚持“发展经济是核心”，集体经营性建设用地增值收益分配必须为经济发展服务，另外，集体经营性建设用地入市增值收益的分配还必须兼顾地方生态效益和社会效益与经济效益的协同推进，通过把增值收益投入于农村公共服务设施建设和农村环境整治，在土地开发和城乡建设过程中有效地强化农民共享发展的成果和收益这一目标。

4.2.3 物权原则

物权原则是指农民的土地承包经营权、建设用地使用权、宅基地使用权等用益物权作为农民对土地的直接支配权利，从而提高其法律效力。财产所有权和财产使用权的分离可以表现为两种不同的法律关系，即物权关系和债权关系。一直以来，我国农村集体土地所有权属于物权，而我国农村土地承包经营权则被视为债权，从法律效力上讲，债权弱于物权，将农村土地承包经营权的性质设定为债权，不利于保护农民的合法权益，在集体土地流转以及征收过程中，农用地的价值被降低了。2007 年 3 月 16 日颁布的《中华人民共和国物权法》将农村集体土地的承包经营权设定为用益物权，这从法律上对农村土地承包经营权的性质进行了界定，在集体经营性建设用地入市的过程中，必将提高集体建设用地的价值，也将进一步地保护农民和农村集体经济组织的权利。

4.2.4 按贡献分配原则

按贡献分配是指在整个社会范围内，各种生产要素以其对社会财富的创造所做出的实际贡献而获取相应报酬的方式，是在现实生产力基础上社会主义市场经济体制运行的必然结果。在要素表现形式上，按要素贡献分配包括按劳动贡献分配、按资本贡献分配、按技术贡献分配、按管理贡献分配、按信息贡献分配等。在农用地征收、出让与房地产开发的过程中，土地增值是由自然增值和人工增值引起的。其中，无论是自然增值还是人工增值，最终都是由人类各种活动直接或间接引起的，是各种不同要素贡献的综合体。但是不同的群体对增值的贡献大小不一。因此，在土地增值收益分配中，谁做出贡献且引起收益增值，谁就能参与增值收益的分配。在客观评价各成员所提供生产要素在整体利益中贡献的基础上，按照贡献的大小确定分配的多少，从而公平分配各利益主体之间的增值收益，保证其得以稳定、持续地发展。应树立按贡献分配合理合法的理念，同时对收入进行必要的、行之有效的调节，效率优先、兼顾公平，既强调按贡献分配，又强调收入相对公平。

4.3 集体经营性建设用地入市增值收益分配的形式

4.3.1 农民获得直接收益

在集体经营性建设用地入市中，作为集体经济组织成员的农民，他们应该通过获得部分土地出让金、土地租金或入股分红等形式来参与土地增值收益的分配。长期以来，由于农地产权制度不健全、农民缺失对土地的发展权、地方政府职能错位、对土地财政的依赖及农村集体经济组织的双重代理身份导致农民利益让位于公权力，以及农民土地收益权长期不能得到公正合理对待，包括忽略了对土地的生态价值补偿和社会保障价值补偿，一次性的货币补偿未考虑到土地的未来收益和农民的日后生活保障等原因，致使农民权益受到严重损害，农民与政府间的矛盾升级。为了保障农民获得公平的土地出让、出租或入股分红的收益，保证农民的后续生活保障和生活质量不降低，集体经营性建设用地入市过程中必须参照土地的市场价值给予农民合理的土地入市收益。

4.3.2 集体经济组织分成

农村集体经济组织作为集体经营性建设用地的所有者和管理者，在集体土地所有权、承包经营权和使用权分离的情况下，可以通过管理费和集体经济组织分成的形式参与土地增值收益分配。集体经济组织分成一方面可以用于加大农村基础设施建设。发展农业生产，推进农业现代化，离不开农业基础设施建设作为农业稳定持续发展的保障。有必要改变以往大量土地出让金长期为城市基础设施建设所用的状况，在合理投入城市基础设施建设的同时，将土地增值收益分配向农村基础设施建设倾斜，达到提高劳动生产率、改善农业生产和发展条件及农民享有土地增值收益分配的目的，以此促进农村的长效发展。另一方面应将土地增值收益投入到农村公共服务、社会保障等方面，包括改善基层医疗卫生条件、完善农村基本养老保障体系、关注农村社会养老服务体系建设，在社会服务上推进城乡一体化建设，通过加强农村社会服务建设使广大农民直观感受到集体经营性建设用地入市带来的增值成效。

4.3.3 土地增值收益调节金

政府作为社会经济管理者、服务者以及基础设施的投资者，通过向集体经营性建设用地使用者收取土地增值收益调节金或税费的形式参与土地增值收益分配。土地增值收益调节金是指农村集体经济组织以土地所有者身份，将存量农村集体经营性建设用地通过出让、出租、作价出资等方式入市取得收入时，或以出让、转让等方式取得集体经营性建设用地土地使用权的土地使用者，将土地使用权以出售、交换或赠予等形式进行再转让取得收入时，应向国家缴纳的调节金。调节金要上缴地方国库，纳入地方一般公共财政预算。调节金由地方政府在集体经营性建设用地入市和转让环节分别征收，征收的对象为集体经营性建设用地出让方、出租方、作价出资方及转让方等。地方政府应综合考虑形成土地增值收益的因素，结合地方实际合理确定本区域土地增值收益调节金征收的比例。

4.3.4 土地税收

任何土地价值相关税种，包括一些针对房地产整体征收的税种，都可以认为是城市土地增值收益分配的一种方式。从概念上，土地价值由累积的土地增值额组成，所以以土地价值为标准的税收，也可以认为是土地增值额的分割；税收对土地价格的影响会减少其期望的收益流，税收资本化的结果就会影响土地现在的价格，土地价格的降低实现了税收对土地增值的分配。作为土地增值收益分配方式的税收包括两大类：一是相关的房地产税种，如契税、土地使用税、土地增值税等；二是相关的税种，主要指所得税，它虽然是针对企业或个人所得征收的，但实质上仍是回收了城市土地增值收益。在确定具体征收范围和个税征收对象过程中，对土地的自然增值和因投资基础设施的增值及开发增值要加以区分。同时，应调整现行的征收范围，使土地增值税能覆盖引起土地增值的所有对象，采取全面征收的办法，在税目上应设置“土地转让增值税”“土地租赁增值税”和“定期土地增值税”，并在税率的确定上拉开级差。

4.3.5 地费

目前的土地相关收费主要有两种形式：一是规费，它指国家机关对居民或法人提供某种特定服务而收取的管理费、手续费和工本费，如土地使用证工本费、土地估价费、公证费、交易手续费等；二是项目性收费，它指土地使用者直接或间接享受各项基础设施所必须交纳的费用，如城市建设配套费、教育设施配套费等。在建立土地费体系时应注意以下三个方面：一是严格规范和监督各种立费项目及其使用。对于土地收费项目的设立、使用都必须走法制化道路，坚决抵制各地不合理、重复性的收费项目，使土地收费项目有法可依、违法必究，将地费收入纳入财政预算，取消自收自支自管理的收费体制。二是转化一切不属于地费性质的规费。三是设立新费种，完善旧费种。政府部门向社会提供的特定管理或特殊服务所收取的必要费用必须予以保留，并对其收费立项、收费比例、收费主体以及纳费主体进行严格、全面的整理规范，形成一个完善的收费体系。

4.4 河南集体经营性建设用地入市增值收益分配的途径

4.4.1 合理确定土地增值收益分配比例

一种公平合理的土地增值收益分配机制，应该能处理好各个分配主体的利益关系。要明确土地增值收益在各主体之间的分配方式和比例，就必须要确定谁应当获得土地增值收益。地方政府可以通过一定比例土地出让金和财政税收等方式分享土地增值，为了在全社会范围内统筹收入分配的平衡，地方政府也应当以合理比例分享公共设施投入和经济环境改善等带来的土地增值收益；农民集体是土地的实际所有者，应该获得合理的土地收益，农民作为农村集体土地的法定承包人和使用者，应该以获得土地绝对地租和级差地租的形式参与土地增值收益分配。现阶段，在农村集体土地征收的过程中，农民的征地补偿是按产值倍数法计算的，现行的土地补偿标准是非常低的，必然造成农民的利益受到严重损害。政府占用了集体土地用途转变和交易过程中较大比例的土地增值收益，这部分可以说是我国快速城镇化的秘密武器，也可以为全国农民建立社会保障体系，总之要秉承公平原则合理确定地方政府、农村集体经济组织和农民作为集体经营性建设用地入市的主体在集体建设用地出让、转让和出租等过程中各主体的收益分配比例。

4.4.2 多渠道提高农民的权益分配比例

集体经营性建设用地入市，农民所获得的收益应综合考虑农民出让土地后的社会保障，同时还应考虑将土地的社会价值加入到土地价值中，除了要保证农民现有的生活水平以外，更要考虑他们的长远发展，必须对农民今后的社会保障和就业作出合理的安排。在加强农民的社会保障方面，要创新保障制度，尽快建立农村社会保障体系，实现与城镇社保的对接，出台可行的城乡养老和医疗保险转接方案，首先是养老保险，其次是医疗保险和失业保险。城镇养老、医疗、低保应扩大覆盖面，覆盖土地入市的农民，社保标准要逐步提高，确保农民的低保标准应等同城镇居民。广开渠道促进农民就业，把出让土地的农村劳动力纳入政府统一的就业管理范畴，依法保障农民进城就业的各项权益，有计划、有步骤地组织农民进行就业前的职业技能培训，提高他们的职业技能和就业能力；对劳动部门培训征地劳动力、介绍职业和自谋职业、自主创业的，本着与城市下岗失业人员同等待遇的原则，享受再就业优惠政策，有关费用从财政安排的再就业资金中列支。同时，大力发展农村服务业，增加农村收入渠道和就业机会。

4.4.3 完善土地增值收益分配机制

明确土地增值收益分配的主体权利地位。理论上，集体经营性建设用地入市土地增值收益分配主体从地方政府、农村集体经济组织到农民，各主体之间应以共赢的联盟状态共存，各主体之间应该是平等的关系。但是由于我国的土地所有权制度、国家行政体系的特殊性，相对于集体经济组织和农民来说，政府具有较大的行政权力和话语权。所以应该以法律的形式确定农村集体经营性建设用地入市土地增值收益分配主体的权利和地位，保障政府与农民、农村集体经济组织之间，农村与农村集体之间，农民与农民之间的合法主体权利地位。

明确政府在规划、管理、监督和实施中的主导地位。在土地增值收益分配过程中，发生纠纷矛盾是难免的，必须要有一个矛盾的调解者，相对于其他主体，在土地入市增值收益分配纠纷中，政府更适合扮演这个角色。运用经济、税收、法律等手段，通过市场机制，规范、引导、影响各利益主体的经济行为，使之符合宏观经济的总目标。运用经济手段协调利益分配，通过经济杠杆，以价格信号、供需信号和竞争信号为基础，由市场机制自动实现资源配置和相关收益在各主体之间的分配。运用税收手段调控收益分配，通过征收土地增值税使土地增值收益能够在国家、集体和个人之间合理分配。加强法制建设，建立严密的经济法制对利益分配活动加强法律监督和控制，才有可能保证利益分配在有序状态下运行。

保障农民的决策权和知情权。借鉴上海、河北等地的成熟做法，规定集体经营性建设用地入市必须经本集体经济组织成员大会或村民会议 2/3 以上成员或者 2/3 以上村民代表同意。也可借鉴湖北的做法，规定集体经营性建设用地入市方案提交村民会议或者村民代表会议表决前，应当公布入市形式、拟建项目及其环境影响、土地开发程度、土地收益情况、土地使用期限以及村民需要了解的其他情况，最大限度地保障农民对集体经营性建设用地入市流程的决策权和入市收益的知情权。

5　农村集体经营性建设用地入市权益主体行为及意愿分析

现实中，农村集体经营性建设用地流转现象早已大量存在，阻碍其入市流转的原因有许多方面，核心问题在于利益主体之间的冲突难以得到合理的解决。本书拟从利益主体的视角，分析农村集体经营性建设用地入市中的利益冲突，揭示农村集体经营性建设用地入市难的深层次原因，为推进农村集体经营性建设用地入市提供决策参考。

5.1　农村集体经营性建设用地入市过程中的权益主体分析

5.1.1　农村集体经营性建设用地入市中的利益主体分析

农村集体经营性建设用地入市的利益主体主要有地方政府、村集体经济组织、农民、用地方等，利益客体为集体经营性建设用地，利益中介是入市行为。各利益主体的利益诉求不同成为推动或阻碍农村集体经营性建设用地入市的重要因素（见表5-1）。

表5-1　农村集体经营性建设用地入市过程中的利益主体的诉求

利益主体	主要目标	关心的利益
地方政府	推进城市化、工业化、发展地方经济	提高财政收入
村集体经济组织	发展集体经济	获得满意的入市收益，改善投资环境
农民	增收致富、提高生活质量	获得入市收益分配，期望获取就业机会
用地方	企业发展、资产增值	利润和成本

（1）地方政府。地方政府作为一个区域的行政机关，主要关注本区域的自身利益，发展地方经济，也存在提高财政收入的压力和动力。地方政府也是一个独立的行为主体，在现阶段可以看作理性的“经济人”，倾向于通过降低经济发展成本实现利益最大化，即以低成本推进工业化和城市化，土地出让金收益已成为地方政府的主要财政收入来源。作为政策执行主体的地方政府，如果不能在集体土地入市这块“蛋糕”中分得一块，那么它对农村集体经营性建设用地入市，推进形成城乡统一的建设用地市场普遍积极性不高。

（2）村集体经济组织。村集体经济组织（一般简称“村集体”）的主要职能是对本村农民集体所有的资产进行管理和经营，并为集体经济组织成员提供基本生活保障和必要的社会保障（并实施社会公共服务）。由于公共财政尚不能实现城乡统筹配置，村集体经济组织进行扩大再生产和公共服务方面的投入仍然要依靠本村集体经济组织的收入来支撑。由于农村经济发展速度超过农村集体经济收入增长速度，村集体经济组织在社会管理方面面临巨大压力。因此，村集体经济组织迫切需要发展经济、提高收入。集体经营性建设用地入市已成为村集体经济组织增收的重要渠道。

（3）农民。农民是农村集体经营性建设用地的实际权利人，因此农村集体经营性建设用地入市和农民的自身利益息息相关。随着城乡居民收入差距的加大，农民增收的愿望强烈，他们的直接利益诉求是获得更多收益，另一个利益诉求则是基础设施和社会保障进一步完善，目前由于农村并无其他增收渠道，因此农民期望从集体经营性建设用地入市中获益。

（4）用地方（用地企业）。用地企业是农村集体经营性建设用地入市的主要推动者。用地方通过招拍挂取得国有土地后，还需办理立项、规划等多项手续，周期长、成本高。尤其对于中小企业来说，用地成本高昂、资源紧张等使中小企业的创业与发展空间不足，致使部分企业寻找价格低廉的农村集体建设用地进行生产经营，以降低成本，缩短建设周期。

5.1.2 农村集体经营性建设用地入市中的利益冲突

农村集体经营性建设用地入市利益主体之间存在经济关系，而每一个社会的经济关系首先是作为利益表现出来。在农村集体经营性建设用地的入市过程中，各个利益主体之间互相关联，构成农村集体经营性建设用地流转的利益相关系统（见图5-1）。不同利益主体之间由于利益诉求不同，存在着诸多矛盾与冲突。

（1）地方政府与村集体经济组织的利益矛盾。地方政府与村集体经济组织的利益目标不同，在入市中存在利益矛盾，极大地限制了集体经济的发展。长期以来，地方政府垄断了土地一级市场，通过较低的征地费用征收集体土地进行一级开发，招拍挂后土地带来的增值收益集体经济组织并不能分享。同时，地方政府在政策上也向城市建设倾斜，乡镇集体建设用地指标较少，有些乡镇甚至没有新增集体建设用地指标。利益失衡促使村集体经济组织想

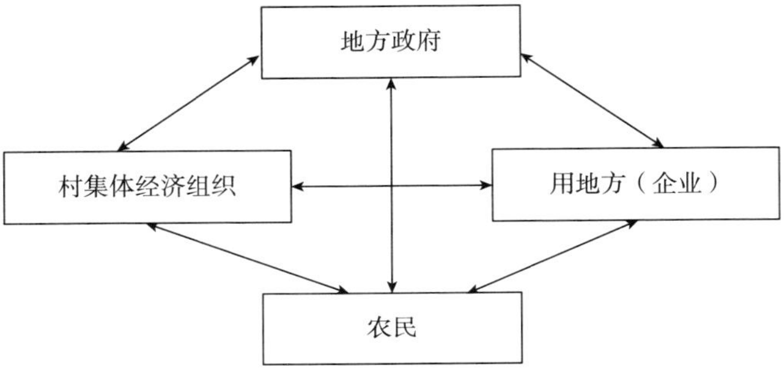

图 5-1 集体经营性建设用地入市利益相关系统

方设法获取更多利益，要么利用自有集体建设用地建设产业设施招商引资，或将已亏损的乡镇企业改制承包，要么冒着违法建设的风险占用农用地进行开发。村集体经济组织在政府严格限制集体建设用地总量增加、保护耕地不减少、不断加大违法查处力度与获取流转利益方面与政府进行博弈。

（2）地方政府与农民的利益矛盾。当前，地方政府在土地方面与农民的利益关系非常复杂。一方面，在政府推进城市化进程中，政府作为经营土地的主体，会考虑成本问题。由于实行招拍挂制度后，征地拆迁主要由政府主导，为节约征地成本，部分区县政府控制土地补偿费上涨，使农民一次性拿到的补偿费并不多。此外，多数农民并没有利用资金创造更多价值的意识，因此拿到手的土地补偿费很快用光，生活依旧窘迫，还有部分农民到政府上访要求补助。近些年，随着征地规模的增加，失地农民数量增多，引发的社会矛盾也逐年增多，涉及征地的信访居高不下。另一方面，农民对增加收入的渴求，使其逐渐意识到单纯靠农业生产已不能改变收入水平低下的现状，靠政府征地补偿致富也不是一条很好的出路。在社会医疗保障水平不高、种地又仅能解决温饱的现实情况下，农民必然要将增收致富的途径放到集体经营性建设用地入市上来。

（3）地方政府与用地方的利益矛盾。用地方一般情况下会依靠地方政府的支持，用地方也会为地方政府带来一定税收收益。但由于长期以来，农村集体经营性建设用地流转大多是自发行为，私下交易，地方政府一般不参与，租地企业为追求经济效益，往往与地方政府保护环境、节约和集约利用土地的目标相违背，由此引发地方政府土地管理部门和用地方在土地使用上的矛盾。而且农村集体经营性建设用地流转未取得合法的用地手续，因此兴办企业的其他相关手续很难获得政府部门批准，存在被查处的风险。此外，一旦企业经营不善，出现不能交纳租金或直接转租等行为，与农民产生矛盾时，地方政府会被迫介入矛盾调解，导致社会成本和财政负担增加。对于能给地方政府带来较大收益的农村经营性集体建设用地流转，地方政府也会采取默许的态度甚至变相支持。

（4）村集体经济组织与农民的利益矛盾。在农村集体经营性建设用地入市中，村集体经济组织与农民的利益既有统一也有对立，是一对矛盾的统一体，既是利益相关，也是利益博弈。

从利益相关角度来看，长期的村集体经济组织主导与管理使农民对村集体存在依赖，同时在对外进行流转时，没有村集体经济组织的组织参与，零散的土地单一流转不能形成规模效应，外来企业大多不愿意直接面对分散的农民，因此农民和村集体经济组织会形成利益共同体，助推集体土地入市。

从利益博弈角度看，在第二轮土地承包经营权确权时，并不是所有的村都进行了确权确地到户，部分村将土地承包经营权量化成股份，将股份确定给农民，由村集体经济组织统一经营土地，也会以村集体经济组织名义统一对外进行流转，农民只能被动等待村集体经济组织进行分红。对于土地已确权的，为获取更多的收益，部分村集体经济组织招商引资进行开发，采取将农民承包土地集中流转到村集体经济组织，再以村集体经济组织名义对外租赁经营的方式，有的村集体经济组织以此谋取差价，部分流转过程还存在寻租行为，流转土地价格低廉。这些行为损害了农民利益，引发农民与村集体经济组织的矛盾。

（5）村集体经济组织与用地方的利益矛盾。村集体经济组织通过集体经营性建设用地入市，很快获得增值收益，而用地方通过此种方式，节约了用地成本，并可以迅速开展生产。然而，在用地方追求利润最大化的同时也会和村集体经济组织产生冲突。如有的企业经营不善，不能按时交付租金，致使集体经济组织的收益受到影响。或者集体经济组织早期签订的租赁合同租金较低，往往没有租金递增的约定，低租金往往导致资源浪费，村集体利益受损。

（6）农民与用地方的利益矛盾。农村集体经营性建设用地入市也会引发农民与用地方的利益矛盾。可能的表现为：一方面，之前签订的合同租金低、年限长，租金没有递增，农民不能获取预期收益。另一方面，有的高能耗、高污染企业因获批国有土地困难，转而通过获取集体土地建厂，排放不达标、污染环境，造成农村生活、生产环境恶化。一些参与流转的企业大多属于中小型企业，有一些甚至是小作坊，资金不足、技术含量低、竞争力差，有的企业因经营不善倒闭，或者改变土地用途，或者转租导致产权关系混乱，致使农民利益受损。这些原因常会引起农民不满，诱发农民与用地企业的矛盾，有些地方出现过农民围堵企业、撕毁合同等极端现象，导致社会矛盾激化。

5.2 农村集体经营性建设用地入市的农户认知水平与意愿分析

党的十八届三中全会明确指出，在符合规划和用途管制的前提下，建立城乡统一的建设用地市场，允许农村集体经营性建设用地出让、租赁、入股，实行与国有土地同等入市、同权同价。2013 年 1 月，全国国土资源工作会议指出，围绕农村集体土地流转和宅基地管理，以最大的改革共识保障宅基地的取得和退出，推动集体土地有序进入市场，在保护农户合法权益、尊重农户意愿的前提下，推进土地管理制度改革。尊重农户意愿是开展农村工作的基础，了解农户认知意愿和诉求是维持农村稳定的关键。农村集体经营性建设用地入市应坚守土地公有制性质不改变、耕地红线不突破、农民利益不受损三条底线。维护农民权益，充分尊重农村集体经济组织的市场主体地位，农村集体经营性建设用地是否入市、以什么形式入市均由农民集体自愿决定，政府做好管理和服务，实现好、维护好、发展好农民土地权益，使广大农民有更多获得感。

因此，本书采用规范分析方法，以农村集体经营性建设用地入市中的实际权利人——农民为主体，在分析农户对入市的认知与需求基础上，分析农户对入市的接受意愿，构建农户接受意愿影响因素，并运用农户调查数据通过引入多元统计分析中的二项式 Logistic 回归模型，就农户对农村集体经营性建设用地入市的接受意愿进行计量研究，进一步揭示农户接受农村集体经营性建设用地入市行为决策的影响机理。

5.2.1 调查方法与数据获取

本书选取农村集体经营性建设用地入市试点——长垣市以及非试点——新郑、巩义的共计 10 个镇（区）的 40 个村庄为研究对象。为了完成研究目标，获得合适和准确的资料、数据和信息是必不可少的。本书根据研究目标和研究内容的需要，通过主要知情人访谈、小组访谈和农户问卷调查等多种研究方法，获取包括调查地农户基本信息、对集体经营性建设用地入市的认知意愿以及土地增值收益分配等方面的资料和数据。

（1）问卷生成。

在实地下乡调研前，需要在图书馆做研究工作，即查阅国内相关研究的文献资料。这一阶段的工作是为后面的研究工作和实地调研打下理论基础，帮助研究人员对所要调查的内容形成初步的了解，并据此完成调查问卷的设计。在充分借鉴现有研究成果的基础上，通过预调研、专家访谈和反复修改之后，完成本书的问卷设计。问卷分为三大部分：一是“农户基本信息”；二是“对集体经营性建设用地入市的认知和意愿”；三是“土地增值收益分配”，均为不记名调查。农户问卷的内容包括四部分：

1）封面。包括样本点编号、调查日期、调查地点、调查员姓名、调查注意事项及要求等。

2）农户基本信息。调查内容主要包括：①农户个人状况，包括年龄、受教育程度、风险意识等；②农户家庭状况，包括家庭人口数、耕地和宅基地面积、收入来源、社保参与情况等。

3）农户对集体经营性建设用地入市的认知和意愿。调查内容主要包括：①农户对入市认可的程度；②农户对入市风险的认知及应对措施；③农户对入市意愿的认知以及影响参与意愿的因素。

4）土地增值收益分配。调查内容主要是农户对集体经营性建设用地入市后产生的增值收益分配主体、比例、用途方面的想法。

（2）原始资料和数据的收集。

原始资料和数据的收集一般通过实地下乡调研来完成。根据本书目标和内容的需要，原始资料和数据的内容主要包括农户基本信息、认知和意愿、土地增值收益分配、农户需求等方面。这些数据的获得主要通过以下几种方法来实现：

1）主要知情人访谈。主要知情人访谈的对象是乡镇以及村民委员会领导、土地整治中心负责人，访谈的主要目的是了解村庄基本情况、土地整治与集体经营性建设用地流转方面的情况、村民的生活水平和村里经济社会环境的历史发展变化等方面的知识和信息。

2）村民小组访谈。村民小组访谈是真实了解农村基本情况的一种有效手段。该访谈一般遵循村干部回避原则，受邀小组成员人数控制在5~10人，包括一定数量的女性和老人。小组访谈一般采取半结构式访谈形式，通过小组访谈可以获得农户基本情况与想法，以及从农户角度了解对农村集体经营性建设用地入市的基本看法和存在的问题。

3）农户问卷调查。农户问卷调查需要入户填写问卷，花费时间较多，且受到农户生产活动和外出的影响，难度较大。但是，这样的调查方式给研究人员提供了实际了解农户家庭情况和想法认知的机会，帮助研究人员发现问题并与农户对问题进行探讨，这是上述两种方式所不能实现的。

2015年9月，课题组分三批次对长垣、新郑和巩义进行了实地调查，样本发放范围包括3县（市）10个镇（区）的40个村庄。本次调研共发放问卷345份，剔除重要信息缺失或回答前后冲突问卷21份，回收有效样本324份，回收率为94%（见表5-2）。

表5-2 各地区问卷发放回收与样本分布情况

县（市）	镇（区）	发放问卷（份）	有效样本数量（份）
长垣市	樊相镇	50	49
	满村镇	50	44
	魏庄镇	60	60
	浦东区	55	52
	合计	215	205

续表

县（市）	镇（区）	发放问卷（份）	有效样本数量（份）
巩义市	大峪沟镇	10	7
	竹林镇	10	9
	芝田镇	20	20
	北山口镇	15	15
	回郭镇	20	19
	合计	75	70
新郑市	辛店镇	55	49
	合计	55	49

5.2.2 农村集体经营性建设用地入市中农户的认知

本次调查问卷涉及农户对农村集体经营性建设用地入市认知方面的选题12个，包括对入市认可的程度、入市风险的认知与应对、入市参与意愿的认知、入市收益分配的认知四个方面。

（1）对集体经营性建设用地入市的认可程度调查农户对集体经营性建设用地入市政策、实施效果等方面的认知，结果如表5-3所示。

表5-3 农户对集体经营性建设用地入市的认可情况

问题	选择项	选择频数（次）	选择频率（%）
1. 是否了解现行的土地制度及法律	比较了解	24	7.30
	有一定了解	236	72.70
	完全不了解	64	20.00
2. 集体经营性建设用地入市是否有利于经济发展和体制改革	对两者都有利	239	73.63
	只有单方面促进作用	61	18.84
	都不会有效	24	7.53

续表

问题	选择项	选择频数（次）	选择频率（%）
3. 集体经营性建设用地入市在操作上是否可行	可行，只要设计得当	230	71.13
	不可行，因素太多	74	22.68
	其他	20	6.19

问题 1：“是否了解现行的土地制度及法律”。该问题主要用于检测土地管理的相关法律知识的普及程度。设计了三个选项，分别是：①比较了解；②有一定了解；③完全不了解。结果表明，大多数人对此都有一定了解，但比较了解的仅有 7.30%，而有 20%的人完全不了解，说明在我国已经实行了近 30 年的《土地管理法》的知识普及还相当不够，很可能某些地区对农民的《土地管理法》普及工作就没有进行过。

问题 2：“集体经营性建设用地入市是否有利于经济发展和体制改革”。该问题用于检测农户对集体经营性建设用地入市的价值认识。设计的三个选项是：①对两者都有利；②只有单方面的促进作用；③都不会有效。结果表明，73.63%的受访者认为对经济发展和体制改革都有利，另有 18.84%的受访者认为只具有单方面的促进作用，即绝大多数受访者认为集体建设用地入市是有好处的，仅有 7.53%的人不看好这项政策，认为什么积极作用都没有。这一结果表明，集体经营性建设用地入市是顺应主流民意的。

问题 3：“集体经营性建设用地入市在操作上是否可行”。该问题用于检测农户对集体经营性建设用地入市的障碍因素的认识。设计的选项是：①可行，只要设计得当；②不可行，因素太多；③其他。结果显示，71.13%的受访者对集体经营性建设用地入市制度的实行持乐观态度，相信通过巧妙的设计，各种各样的问题与障碍都会被克服，但有 22.68%的受访者认为这一制度施行的障碍因素较多，因而并不可行。哪些因素会最终阻碍这一制度的实行将是我们需要进一步重点关注的问题。

（2）对集体经营性建设用地入市风险的认知与应对。

问题4："集体经营性建设用地入市是否会引发风险"。该问题用于检测农户对集体经营性建设用地入市风险的认识和估计。设计的三个选项是：①必然产生；②难以预测；③没有风险。结果表明（见图5-2），75.84%的农户认为政策实行的风险不确定，目前难以预测，18.12%的农户认为集体经营性建设用地入市存在必然的风险，仅有6.04%的受访者认为不存在风险。这表明了农户对入市风险普遍持认同态度，集体经营性建设用地入市风险现实存在。

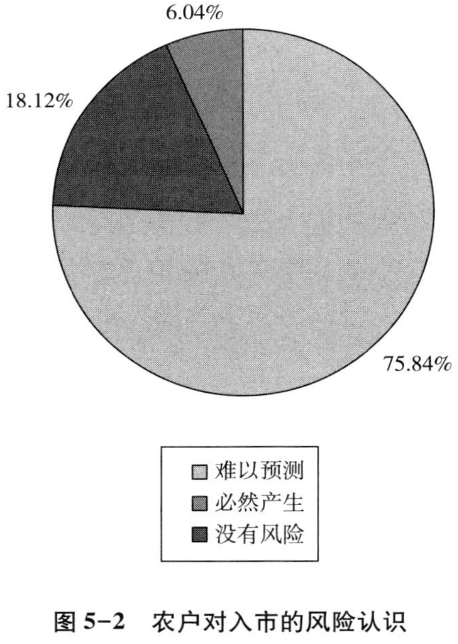

图5-2　农户对入市的风险认识

问题5至问题8："集体经营性建设用地入市存在哪些风险（可多选）""预防入市风险政府应做好哪些准备工作（可多选）""控制入市风险政府要做哪些工作（可多选）"以及"控制入市风险民众要做哪些工作（可多选）"。这些问题均为多选题，分别用于检测农户对风险的辨认能力和各类风险的评估、农户对集体经营性建设用地入市风险防范体系的认知、农户对政府在集体经营性建设用地入市风险防范中的责任的认知、农户对集体经营性建设用地入市风险防范工作的民众责任的认识和意愿。

结果显示（见表 5-4）：问题 5，入市存在的风险中，大多数农户选择了“不利于保护耕地”和“导致经济建设的短视和投机”此类风险，表明农户认为此两项为集体经营性建设用地入市的最主要风险，次之为“影响社会稳定”的风险；问题 6，有超过半数的农户选择了“完善法律堵住制度漏洞”“统一城乡土地权利，实现同地同权”“建立统一城乡土地流转市场”这三项作为应对集体经营性建设用地入市风险的措施，其中“完善法律堵住制度漏洞”项的选择将近 2/3，表明完善法律法规是受访农户普遍认同的主要风险防范手段，其次是需要在法律授权上实现真正意义上的同地同权；问题 7，有超 60%的受访农户认为政府控制集体经营性建设用地入市风险的主要措施应该是“建立行政责任承担与问责机制”和“完善产权登记发证制度”，这表明农户希望建立集体经营性建设用地入市的行政责任承担与问责机制，约束政府行为。此外，建立一个完善的登记发证制度，使土地流转市场能够有序、高效地运行，也是当前农户的普遍期待；问题 8，“改善观念，增强风险防范意识”和“用法律维护权利”选项都超 60%，表明受访者具有较高的风险防范意识和高度的法律维权意识，这应该是集体经营性建设用地入市风险的重要壁垒。

表 5-4　农户对集体经营性建设用地入市的风险认知

问题	选择项	选择频数（次）	选择频率（%）
5. 集体经营性建设用地入市存在哪些风险（可多选）	不利于保护耕地	189	58.56
	导致经济建设的短视和投机	121	37.26
	影响社会稳定	81	25.10
	其他风险	76	23.58

续表

问题	选择项	选择频数（次）	选择频率（%）
6. 预防入市风险政府应做好哪些准备工作（可多选）	完善法律堵住制度漏洞	201	62. 15
	统一城乡土地权利，实现同地同权	187	57. 64
	建立统一城乡土地流转市场	167	51. 39
	其他	27	8. 33
7. 控制入市风险政府要做哪些工作（可多选）	建立行政责任承担与问责机制	195	60. 00
	完善产权登记发证制度	252	77. 54
	控制入市的总量和用途	109	33. 68
	其他	41	12. 63
8. 控制入市风险民众要做哪些工作（可多选）	改善观念，增强风险防范意识	201	62. 05
	用法律维护权利	241	74. 26
	实际操作中守法守德	133	40. 92
	其他	13	3. 96

（3）对集体经营性建设用地入市参与意愿的认知。

问题9："是否愿意本村农村集体经营性建设用地入市"。该问题用于检测农户实施集体经营性建设用地入市的意愿。结果显示，有174位受访农户明确表示支持集体经营性建设用地入市在其所在区域实施，占总受访者人数的53.70%，其余150名农户对入市持质疑反对态度，这一比例也将近半数，反对的原因值得深入探讨。总体上看，集体经营性建设用地入市的民众意愿较强，支持率较高，制度出台的时机已经成熟。

问题10："不愿意集体经营性建设用地入市的原因（可多选）"。该问题用于进一步分析农户反对入市的原因。调查结果显示（见表5-5）：当前阻碍农户参与农村集体经营性建设用地入市最重要的原因是集体建设用地产权不明晰，农户担心入市后财产权得不到有效保障。"增值收益分配机制不满意""农村社保不到位""缺少满意的流转途径"这三项也是农户不愿意集体经营性建设用地入市的关键因素，选择这三项的农户比例均在30%左右。由此可见，加快完善集体经营性建设用地的确权工作，是提升农户入市意愿、推进入市工作进展的重要环节。

表5-5 农户不愿意参与集体经营性建设用地入市的原因

问题	选择项	选择频数（次）	选择频率（%）
10. 不愿意集体经营性建设用地入市的原因（可多选）	目前产权不明晰，入市怕财产权得不到有效保障	234	72. 20
	增值收益分配机制不满意	98	30. 32
	农村社保不到位	95	35. 02
	缺少满意的流转途径	113	29. 24
	对土地的情感依赖	66	20. 22
	其他	5	1. 44

（4）对集体经营性建设用地入市收益分配的认知。

问题11和问题12："谁是农村集体经营性建设用地入市后最大的受益者"和"入市后土地增值收益分配的主体应该包括哪些（可多选）"。这两个问题用于检测农户对土地入市增值收益受益群体和分配主体的认知。结果显示（见表5-6）：超出一半的农户认为自己才应该是入市后最大的受益者（占56. 31%），其次是村集体（占21. 30%）。这与增值收益分配主体的调查结果也是对应的，有83. 57%的受访者认为农户应该是增值收益的分配主体，超出一半的受访者认为利益分配主体也应包括村集体。这说明，当前农户在农村集体经营性建设用地权属问题上认识比较到位，同时也反映了农户对维护自身财产权的高度重视，如果入市增值收益问题不能妥善解决，势必会引发集体经营性建设用地入市过程中的矛盾与冲突。

表 5-6　农户对集体经营性建设用地入市收益分配的认知

问题	选择项	选择频数（次）	选择频率（%）
11. 谁是农村集体经营性建设用地入市后最大的受益者	政府	53	16.25
	村集体	69	21.30
	村干部	20	6.14
	农民	182	56.31
12. 入市后土地增值收益分配的主体应该包括哪些（可多选）	农民	271	83.57
	政府	94	28.93
	村集体	166	51.07
	开发商	78	23.93

5.2.3　农村集体经营性建设用地入市中农户的需求

有关农村集体经营性建设用地入市中农户的需求，主要从入市模式和增值收益分配两方面的需求着手，本次调查问卷涉及农户需求方面的选题有土地流转方式、入市模式、建立产权交易市场、政府角色界定、增值收益的农户获取比例以及收益用途六个方面。

（1）入市模式的需求。

农村集体经营性建设用地入市采取什么模式、由谁主导、是否有必要建立农村专业产权交易市场等，这些成为农民面对集体经营性建设用地入市活动时较为关心的问题。通过调查可知（见表 5-7），选择以租赁和入股方式流转入市的农户最多，分别占受访人数的 46.28%和 41.75%，而选择出让方式的农户比例仅占 6.80%。由实地访谈获悉，传统的政府垄断下的“征收—出让”模式，政府在巨大的土地级差收益的驱动下，滥用自由裁量权，随意解释公共利益目的，扩大征地范围，垄断集体经营性建设用地流转市场，独占土地增值收益。农民普遍对这一流转方式意见颇深，而且出让方式一次性获取补偿收益，对农户长期持续生计水平的维护不能起到很好的保障作用。此外，随着全国各地逐步实践创新的各种市场调节下的直接入市方式的普及，越来越多的农户希望选择租赁、入股等方式以实现集体经营性建设用地的持续获益。

表 5-7　农户对集体经营性建设用地入市模式的需求

问题	选择项	选择频数（次）	选择频率（%）
13. 希望村集体经营性建设用地以何种方式流转	出让	22	6.80
	租赁	150	46.28
	入股	135	41.75
	其他	17	5.18
14. 集体经营性建设用地入市采取什么模式	政府推动模式	57	17.63
	市场推动模式	74	23.02
	政府与市场结合推动模式	189	58.27
	其他	4	1.08
15. 有无必要建立农村产权交易市场	很有必要，大势所趋	179	55.24
	没有必要	42	12.94
	无所谓	103	31.82

在入市模式的选择上，超出半数的农户选择“政府与市场结合推动模式”，这也符合当前集体经营性建设用地入市的现实情况。关于建立农村产权交易市场，55.24%的农户表示“很有必要，大势所趋”，觉得“没有必要”的农户占到12.94%，31.82%的农户表示“无所谓”。将近一半的农户对农村产权交易市场的建立持不积极的态度，这也说明了当前农村关于产权交易市场的宣传普及不够，很多农户并不清楚这一市场形式的作用与职责。

（2）增值收益分配方面的需求。

农村集体经营性建设用地入市过程中农户最为关心的问题当数增值收益

如何分配的问题。土地一级市场长期由地方政府主导，低征高卖的现象使农民对政府在土地入市中的角色定位十分关心。“农村集体经营性建设用地入市增值收益分配中政府的角色”这一调查问题，意在检测农户对政府在入市过程中的角色需求。有关土地增值收益分配的调查，主要通过“土地增值收益分配中农户个人得到多少比例合适”和“增值收益应花在哪些用途合适”两个问题完成，这将体现农户在收益分配中最关心的两个问题：分多少钱？钱花在哪儿？

结果显示（见表5-8）：将近70%的受访者认为政府不应该直接参与增值收益分配，而是应该通过税收的方式进行收益调节。支持政府参与收益分配的农户比重有28.48%，这说明超出1/4的农户会将政府在增值收益分配中的角色定位为分配主体之一。这一方面说明，长期以来政府在集体土地流转中的主导地位深入人心；另一方面也表明，随着产权意识的增强，越来越多的农民开始对集体土地流转中政府的角色进行更加理性的思考。增值收益分配中农户应得的比例调查中，52.40%的农户认为合适的比例应该是40%～50%，有1/3左右（34.93%）的农户认为这一比例应该在20%～40%，认为低于20%比例的农户仅有13位，占总数的4.11%，而认为超出50%比例的农户有28位，其中有10位农户认为这一比例应该在70%以上。这说明，农民对收益分配的渴望十分迫切，集体经营性建设用地入市中如果不能很好地协调解决好农户的收益分配问题，那么必然会对入市工作造成巨大的困扰。土地增值收益用途需求调查中，超出一半的农户都选择了将钱用于“农田水利建设，生产条件改善”“提高农民生活水平”“用于农民养老医疗保险等”，这说明当前农户在农村农业生产条件、生活水平、社保水平这三方面面临困难，也是农户亟须解决的困境。

表 5-8 农户对集体经营性建设用地入市增值收益分配的需求

问题	选择项	选择频数（次）	选择频率（%）
16. 农村集体经营性建设用地入市增值收益分配中政府的角色	为入市提供公共设施配套投入，应参与收益分配	92	28.48
	不是所有权主体，不能参与收益分配	115	35.43
	通过税收进行收益调节，确保社会竞争公平性	110	34.11
	其他	7	1.99
17. 分配中农民得到的比例多少合适	20%以下	13	4.11
	20%~30%	59	18.15
	30%~40%	54	16.78
	40%~50%	170	52.40
	其他	28	8.56
18. 土地增值收益用于哪些方面比较合适	农田水利建设，生产条件改善	197	60.47
	投资建厂发展集体经济	77	23.59
	提高农民生活水平	177	54.49
	购买良种化肥等生产物资	63	19.27
	购买农业保险	51	15.61
	用于农民养老医疗保险等	168	51.83
	其他	5	1.66

5.2.4 农户对入市的接受意愿及影响因素分析

（1）因变量的确定。

调查问卷中，将问题设为“是否愿意本村农村集体经营性建设用地入市”，选择“愿意”的定义为 $y=1$，选择“不愿意”的定义为 $y=0$。在受访的 324 户农户中，选择愿意集体经营性建设用地入市的农户有 174 户，选择不愿意的农户有 150 户，分别占有效问卷总数的 53.70%和 46.30%。

（2）解释变量的选取与方向假设。

1）受访农户学历。农户学历是反映农户文化程度的变量，农户文化程度越高，越能贴合新时代的发展，也较易接受新的改革思想。假定农户学历越高，接受农村集体经营性建设用地入市的意愿越强。

2）农业依赖度。农业依赖度依据家庭收入主要来源确定，农业收入占家庭收入的比重越大，该家庭对农业的依赖度越高，对农村建设用地的依赖性就越强。假设农业依赖度与农户农村集体经营性建设用地入市意愿呈反向作用，即农业依赖度越高，农户建设用地入市的意愿越弱。

3）家庭年均收入。农户家庭年均收入越低，表示农户家庭的经济实力越弱，则农村集体经营性建设用地入市后的增值收益分配对其家庭生计改善的效果越显著。假定农户家庭年均收入越低，参与农村集体经营性建设用地入市的意愿越强。

4）农户风险喜好。经济学中一般将风险态度分为风险偏好、风险中性和风险规避三种类型。风险态度不同的人，对同等程度的风险损失，其认知可能和接受程度存在很大差异。假定农户对风险持喜好态度，越能接受新鲜事物，则参与农村集体经营性建设用地入市的意愿越强。

5）农户对土地政策的了解程度。土地制度和法规的宣传是否透明充分是影响农户对入市认知的一个重要因素。一般地，农户对土地政策的了解程度越高，越容易判断政策导向，对农村集体经营性建设用地入市的弊端和优点认识得越到位，就越有可能增加对入市的响应度。假设农户对土地政策的了解程度越深，则参与农村集体经营性建设用地入市的意愿越强。

6）农户对农村集体经营性建设用地入市效果的认可度。农户对农村集体经营性建设用地入市效果满意程度越高，认识到入市可能带来的经济发展和制度改革效果越明显，其接受的意愿就越强。假设农户对入市效果的认可度越高，则参与农村集体经营性建设用地入市的意愿越强。

7）是否为入市试点区域。假设所处地区为农村集体经营性建设用地入市试点区域，那么可能该地区建设用地入市的实践越普遍，群众对土地调整的政策较为熟悉，则参与农村集体经营性建设用地入市的意愿越强。

（3）自变量分析与描述。

对农村集体经营性建设用地入市影响因素从农户特征、家庭特征、农户对政策了解度及对入市效果的满意度四个方面选择，具体变量为农户特征选取农户学历（x=1）、农户风险喜好（x=4），家庭特征选取农业依赖度（x=2）、家庭年均纯收入（x=3），农户对政策了解度及入市效果选取对土地政策的了解程度（x=5）、对农村集体经营性建设用地入市效果的满意度（x=6）、调查地是否为入市试点地（x=7）。各变量及赋值情况如表5-9所示①。

表5-9 变量名称及赋值定义

变量类型	变量名称	变量定义	预计影响方向
因变量	入市意愿（y）	愿意=1；不愿意=0	
自变量	学历（x=1）	小学及以下=0.25；初中或中专=0.5；高中或职高=0.75；大专及以上=1	+
	农业依赖度（x=2）	农业生产=1；务农兼务工=0.75；常年外出务工=0.5；有稳定收入=0.25	-
	家庭年均纯收入（x=3）	1万元及以下=1；1万~3万元=0.75；3万~5万元=0.5；5万元以上=0.25	-
	风险喜好（x=4）	愿意尝试=1；观望=0.5；不愿尝试=0	+
	政策了解程度（x=5）	比较了解=1；有一定了解=0.5；不了解=0	+
	效果满意度（x=6）	对两者都有利=1；只有单方面促进作用=0.5；都不会有效=0	+
	是否试点地（x=7）	是=1；否=0	+

① 本书采取极差标准化的方法对调查数据进行处理，以保证指标值处于0~1。极差标准化计算公式：$M_{ij}=\frac{X_{ij}-\min X_{ij}}{\max X_{ij}-\min X_{ij}}$。

（4）模型的选择。

本书采用二项 Logistic 模型来分析农户接受农村集体经营性建设用地入市的意愿；Logistic 回归是对定性变量的回归分析，在社会科学中，Logistic 回归是应用得最多的回归分析。根据因变量取值类别的不同，Logistic 回归可以分为 Binary Logistic 回归分析和 Multinomial Logistic 回归分析。前者因变量只能取两个值 1 和 0（虚拟因变量），而后者因变量可以取多个值。根据本书的需要，农户只有愿意接受或不愿接受农村集体经营性建设用地入市两种行为意愿，所以本书中应用的是二项逻辑回归模型（Binary Logistic Regression）。

二项 Logistic 回归分析不直接分析被解释变量 y 的取值与解释变量 x_i（i=1，2，…，m）间的关系，而是利用多元线性回归模型对 y=1 的概率 P 进行建模，即：

$$P_y = 1 = b_0 + \sum_{i=1}^{m} B_i x_i \tag{5-1}$$

式（5-1）还存在以下两点不足：第一，由于概率 P 的取值范围在 0~1，而一般线性回归模型要求被解释变量取值在-∞ ~+∞，因此要对概率 P 作合理的转换，使转换后的取值范围与一般线性回归模型相吻合。第二，式（5-1）中的 P 与解释变量 x_i 间的关系是线性的，但实际应用中这个概率 P 与 x_i 间的关系是非线性的。

基于上述两方面的考虑，对 P 进行以下两步转换处理：

第一，将 P 转换成 Ω：

$$\Omega = \frac{P}{1-P} \tag{5-2}$$

式（5-2）中，称 Ω 为发生比，是事件发生的概率与不发生的概率之比。Ω 是 P 的单调增函数，这样保证了 P 与 Ω 增长（或下降）的一致性，使模型易于解释。Ω 的取值范围在 0~+∞。

第二，将 Ω 转换成 lnΩ：

$$\ln\Omega = \ln\frac{P}{1-P} \tag{5-3}$$

式（5-3）中，称 lnΩ 为 LogitP。经过这一转换后，LogitP 与 Ω 从而与 P 之间仍呈增长（或下降）的一致性关系，其取值区间为（-∞，+∞），已与线性回归模型中被解释变量的取值范围相吻合。

称上述两步转换过程为 Logit 变换，经 LogitP 变换后，就可以利用一般线性回归模型建立被解释变量取值 1 的概率与解释变量 x_i（i=1，2，…，m）之间的依存模型，即：

$$\text{logit}P = b_0 + \sum_{i=1}^{m} b_i x_i \tag{5-4}$$

式（5-4）就是 Logistic 回归模型，其中 b_0 为回归常数，b_i（i=1，2，…，m）为回归系数。模型中 LogitP 与解释变量之间是线性关系，那么 P 与解释变量间的关系是怎样的呢？在式（5-4）中用 $\ln\frac{P}{1-P}$代替 LogitP，则有：

$$\ln\frac{P}{1-P} = b_0 + \sum_{i=1}^{m} b_i x_i \tag{5-5}$$

于是有：

$$\frac{P}{1-P} = \exp\left(b_0 + \sum_{i=1}^{m} b_i x_i\right) \tag{5-6}$$

最后可得：

$$P = \frac{1}{1 + \exp\left[-\left(b_0 + \sum_{i=1}^{m} b_i x_i\right)\right]} \tag{5-7}$$

式（5-7）是典型的增长函数，很好地体现了概率 P 与解释变量 x_i（i=1，2，…，m）之间的非线性关系。

Logistic 回归模型采用极大似然估计法对模型的参数进行估计，参数被估计出来并通过各种统计检验后，需要对模型参数的含义给予合理的解释。从形式上看，Logistic 回归模型与一般线性回归模型相同，因此，可以用解释一般线性回归模型中回归系数含义的方法来理解和解释 Logistic 回归模型中回归系数的含义，即当其他解释变量保持不变时，解释变量 x_i 每增加一个单位，将引起 LogitP 增加（或减少）b_i 个单位。然而在模型的实际应用中，人们关心的是解释变量 x_i 的变化会引起发生比 Ω 多大的变化。

由式（5-3）可得发生比 Ω 与解释变量 x_i（i=1，2，…，m）的函数：

$$\Omega = \exp(b_0 + \sum_{i=1}^{m} b_i x_i) \tag{5-8}$$

当其他解释变量保持不变而考查 x_i 增加一个单位对 Ω 的影响时，可将新的发生比设为 Ω′，则有：

$$\Omega' = \exp(b_j + b_0 + \sum_{i=1}^{m} b_i x_i) = \Omega\exp(b_j) \tag{5-9}$$

式（5-9）表明，当其他解释变量不变时，x_i 每增加一个单位将引起发生比扩大 exp（b_j）倍，当回归系数为负时发生比缩小。

（5）模型估计与结果分析。

根据研究目标，本书将农户参与农村集体经营性建设用地入市的意愿（以下简称“参与意愿”）作为被解释变量，即因变量，将影响农户参与意愿的各种影响因素作为解释变量，即自变量。本书对 2015 年 9 月农户调查的横截面数据进行了 Logistic 回归处理，结果如表 5-10 所示。

表 5-10　模型估计结果

变量	回归系数	标准误差	Z 检验统计量	显著性
常数	-1.104	0.763	-1.448	0.9477
农业依赖度	-1.650	0.824	-2.003	0.0452
风险喜好	1.101	0.463	2.374	0.0176
效果满意度	2.071	0.596	3.475	0.0005

注：*、**和***分别表示在 10%、5%和 1%的显著性水平下通过检验。

经过4次迭代之后，在最后一次回归中，似然比检验统计量的值（LR static）为26.476，各个参数的估算系数符合经济学意义，说明模型整体回归效果较好，回归结果具有可信性。

农户参与农村集体经营性建设用地入市的行为意愿有赖于农户及家庭的实际状况和所处的外部环境，从理论上来说，农户学历、风险喜好、农业依赖度、家庭年纯收入、政策了解程度、效果满意度及是否是试点地都是影响农户参与农村集体经营性建设用地入市意愿的重要因素。最后进入回归方程的农业依赖度、风险喜好、效果满意度这三个变量都通过了显著性检验，这说明农户对集体经营性建设用地入市的响应在一定程度上受这三种因素的影响。其中，除了农业依赖度以外，其他两项都对农户选择行为起到正向的促进作用。根据上述估计结果和检验结果，可以得出如下结论：

第一，在其他条件不变的情况下，农业依赖度每增加一个单位，将引起LogitP（农户响应农村集体经营性建设用地入市与不响应概率之比的对数）减少1.650个单位，农户家庭农业依赖程度与其参与农村集体经营性建设用地入市的意愿呈现显著的负向影响，且在5%的显著性水平下显著，这与假设相符。可能的解释是，一般而言，农户的农业依赖度越高，意味着家庭农业收入比重越大，家庭对种植土地和宅基地的依赖性越强，在城镇工作和定居的可能性越小，对乡土的依恋情结越重，对集体经营性建设用地入市的意愿就会越低；随着非农生计方式的多样化，非农收入的提高，农户对土地的依赖性逐渐减弱，农户参与农村集体经营性建设用地入市的意愿变强。

第二，由回归结果可以看出，农户的风险喜好对其参与集体经营性建设用地入市的行为有显著的正向影响，风险偏好每增加一个单位，将引起LogitP（农户响应农村集体经营性建设用地入市与不响应概率之比的对数）增加1.101个单位，且在5%的显著性水平下显著。这是因为，农村集体经营性建设用地入市需要面临不利于耕地保护、经济建设短视与投机、影响社会稳定等各类风险，当面对农村集体经营性建设用地入市这一新的事物现象时，需要农户承担一定的风险去实践。因此，偏好风险的农户相对于风险规避型农户也就表现出更强烈的参与意愿。

第三，效果满意度对农户参与农村集体经营性建设用地入市的意愿具有比较显著的正向影响，金融资本每增加一个单位，将引起 LogitP（农户响应农村集体经营性建设用地入市与不响应概率之比的对数）增加 2. 071 个单位，且在 1%的显著性水平下显著。这是因为，在农户对建设用地入市政策不了解、效果不满意的情况下，农户担心在农村集体经营性建设用地入市交易过程中无法保障自身利益，而不愿意参与集体经营性建设用地入市交易。只有农户在实践中体验到入市对自身利益带来好处时，才能保证农户在接受农村集体经营性建设用地入市交易中没有压力。

5. 2. 5 小结

第一，尽管大多数受访者表示对土地法规了解并不深入，但绝大多数农户对入市后可能带来的体制革新和经济发展持乐观态度，并且相信只要设计得当，集体经营性建设用地入市在操作上是可行的。这表明，集体经营性建设用地入市的必要性和可行性基本形成共识，对这一制度的出台有较为紧迫的需求，政府和普通民众需要共同学习法律，做好普及工作，为入市工作的开展打好基础。

第二，集体经营性建设用地入市存在一定的风险，需要社会各界的共同努力以避免可能出现的风险。要重点关注研究集体经营性建设用地入市的两类风险：一是耕地资源安全风险，需要研究建立更加严密的耕地资源监控体系，防止耕地以各种隐蔽的形式转化为建设用地；二是各类以地生财的投机和短视行为风险，需要研究建立严格的市场监督机制，防止毁林毁草造地、囤积居奇等行为。

第三，当前阻碍农户接受集体经营性建设用地入市的原因主要集中在产权不明晰、收益分配不满意、农村社保不到位、流转方式不合理等方面，而农户家庭的农业依赖度、农户风险喜好、对流转入市活动的满意度三个因素是影响农户入市响应的关键因素，因此，在当前集体经营性建设用地入市过程中，要进一步制定入市法律政策堵住制度漏洞、高度关注增值收益分配制度设计、完善农村社会保障、提高农户家庭抗风险能力、提高入市实践中的群众满意度，切实做到为民、利民、惠民，使农户成为集体经营性建设用地入市最直接的受益者与参与者。

第四，要高度关注集体经营性建设用地入市制度中的利益分配制度设计，防止政府成为最大受益者这一情形出现。一要明确集体经营性建设用地的产权归属和产权性质，实现真正意义上的“同地同权”；二要在制度上规范政府的行为，防止政府成为集体经营性建设用地入市的直接受益者；三要从农户微观视角出发，在流转形式、增值收益分配比例、增值收益用途上充分尊重农户的意见。

6 探讨河南省农村集体经营性建设用地入市模式

6.1 集体经营性建设用地入市试点经验

2014年12月31日，中共中央办公厅、国务院办公厅印发《关于农村土地征收、集体经营性建设用地入市、宅基地制度改革试点工作的意见》确立了河南省长垣县等15个集体经营性建设用地入市试点。在集体经营性建设用地入市改革试点中，部分试点的做法具有典型性，经验可供借鉴。

6.1.1 南海模式

南海区位于广东省佛山市中部，全区面积为1073平方千米，下辖7个镇（街道），2020年底常住人口为371.93万人，生产总值为3560.89亿元。[①]2014年，南海区集体建设用地占全部建设用地的71%。集体土地占全区土地

① 《南海统计年鉴2021》。

总面积的60%，其中集体经营性建设用地130平方千米，现有50%的存量。南海区集体经营性建设用地入市主要做法如下：

（1）推进土地股份制改革。南海区继续推进和完善自20世纪90年代开始的土地股份制改革。即以行政村或村民小组为单位，把全村或全社的土地集中起来，实施统一规划、管理和经营；将集体财产、土地和农民承包权折成股份，组建股份经济合作社，配股对象以社区户口为准则确定，并根据不同成员的情况设置基本股、承包权股和劳动贡献股等多种股份，以计算不同的配股档次，按股权比例分红。由此，南海区实现了集体建设用地所有权、使用权和经营权相分离，推动集体建设用地的所有权和经营权统一于集体经济组织。

（2）推行以出租为主的集体建设用地使用权规模流转。南海的集体建设用地流转形式主要有出租、出让、转租、转让和抵押，而现实流转中则以出租为主。在区政府的统一部署下，镇级政府积极将包产到户时分到农户经营的土地集中到村经济联社（即村民小组）或管理区（行政村），经联社或管理区再将集体土地划成3个区，即农业保护区、工业开发区和行政住宅区，作统一规划利用，然后以土地或在土地上建好的厂房、商铺、仓库对外出租。

（3）确定集体建设用地使用权流转的主体与对象。集体建设用地使用权流转的主体为集体经济组织即村委会或村民小组（股份经济合作社），流转的对象为企业等市场主体或政府。

（4）建立集体建设用地使用权流转交易的“双底价”制度。为了尊重农村集体的意愿，同时避免成交价低于正常市场价而损害集体利益，交易方案中设立由农村集体、镇政府分别确定的两个成交底价，只有达到两者最高价时才能成交。

（5）探索设立农村集体资产交易服务平台。以狮山镇为例，为保证集体建设用地使用权这一农村集体资产交易的公平、公正、透明，南海区狮山镇率先探索设立农村集体资产交易服务平台。

（6）减免集体建设用地使用权流转交易的相关税费。取消农村集体建设用地流转用地使用权基础设施配套费用，对作为转让方的农村集体从资料制作到交易管理都不收任何费用；对积极按照政府要求全部纳入流转的村集体，政府将从招商引资、用地指标安排等方面给予更大扶持。

集体建设用地使用权流转的“南海模式”的特点在于由股份合作组织将土地集中规划，然后直接出租土地或修建厂房再出租，村里的农民将土地使用权折股，凭股权分享土地非农化的增值收益；其建立的农村集体资产交易服务平台在保障集体土地流转交易的公正与透明方面有着很好的借鉴意义。

6.1.2 湄潭经验

贵州省湄潭县在探索集体经营性建设用地入市试点中形成了“湄潭经验”，于 2015 年 8 月 27 日，首宗与国有土地同等入市、同权同价的集体经营性建设用地使用权拍卖成交。

（1）集体商住综合用地拍卖，打破竞买人限制。湄潭县将增减挂钩节余指标 135 亩中的 23 亩留给该村自用，村委会将其规划为商住综合用地，以村委会为主体，开展集体建设用地使用权公开拍卖。23 亩地分为 3 期拍卖出让，第一期竞买人限定为本村无房户或达到分户条件的村民；第二期不再限定竞买人资格，从第一期的本村村民扩展到所有自然人；第三期拍卖地块未来规划建设火车站、镇街办公楼等，获得土地使用权者几乎都是外来经商人员。从官堰村集体综合用地拍卖的实践来看，打破了城乡间人才、资金、土地的流动界限，使土地成交价格基本上与国有商住综合性用地持平，实现了集体土地与国有土地同地同价。比如，在湄潭县工业用地出让最低价为 5.59

万元/亩~133 万元/亩，而官堰村商住综合用地招拍挂价格为 50 万元/亩~420 万元/亩。

（2）典型农业县的集体建设用地入市，与宅基地流转结合进行。湄潭作为“缺乏传统工业化发展支撑、没有大城市依托、缺乏地下资源”的典型农业县，摸索了先做大做强农业，再发展农产品加工业，即依托农业发展工业，走农业工业化之路。这类地方集体经营性建设用地的形式，单纯的乡镇企业、私人企业、股份企业很少，往往表现为商住混合、综合性用地。即农民在满足自己需要后，对在符合规划的前提下因集中居住、适当提高容积率而增加的超过自身使用部分房屋进行出让或转让。

（3）集体经营性建设用地入市，既有指标形式异地入市，也有就地入市。指标入市就是通过城乡建设用地增减挂钩试点的方式，是一种比较普遍的做法。就地入市可采取集体统一对外和个人自发交易两种方式。对具有区位优势的地方，增减挂钩试点结余指标部分由集体统一操作，统一对外直接入市，拍卖收益全部用于村庄内部基础设施和社会事业建设。与此同时，允许农户之间的宅基地买卖，把闲置不用的、进城买房后多余的宅基地卖给务工务农的外来农民，其实质是实行宅基地的有偿使用和有偿退出。

6.1.3 “中国农村土地改革第一县”郫县经验

郫县号称中国农村土地改革第一县，积极部署推动农村集体经营性建设用地入市，以建立城乡统一的建设用地市场为方向，积极部署、审慎稳妥推进农村集体经营性建设用地入市，形成了郫县经验。

（1）探索建立集体经营性建设用地价格市场机制。依托郫县农村产权流转综合服务中心，加强县、镇、村三级农村产权流转管理服务体系建设，同步完善流转管理办法和交易规则，探索建立集体经营性建设用地价格市场机制，积极开展集体经营性建设用地抵押融资试点。

（2）探索建立集体经营性建设用地有偿使用制度。坚持规划管控和用途管制的原则，选择在安德广福村、古城指路村、三道堰青杠树村、友爱金台村等区域开展试点，探索采取自主开发、公开转让、参股合作等方式，利用集体建设用地规范发展农产品加工、市场物流、乡村旅游、农业总部等产业项目的路径办法，促进集体经济发展和农民就业增收。

（3）探索建立集体经营性建设用地增值收益分配机制。坚持以人为本、地利共享的基本原则，修订完善集体经营性建设用地流转开发相关配套税费收取办法，探索建立兼顾国家、集体、个人的土地增值收益分配机制，推动集体经营性建设用地与国有土地同等入市、同权同责。

（4）稳妥有序推进宅基地有偿退出试点。完善鼓励农民向城镇转移的“1+7”配套办法，结合统筹城乡综合改革示范建设，积极开展农户自愿有偿退出宅基地试点，探索采取“货币化非集中安置+整理形成建设用地或指标”等方式，在安德镇红专村、新民场镇净菊村、友爱镇金台村积极探索农民自愿有偿腾退宅基地进城购房落户试点，促进有意愿、有能力进城购房落户的农民有序向城镇转移，同步配套完善城乡基础设施和公共服务，着力增强城镇综合承载能力，加快推进人为核心的新型城镇化。

6.2　探索河南省农村集体经营性建设用地入市模式

河南省可以借鉴“南海模式”中的一些经验，依据河南地理区位、经济发展状况和集体经营性建设用地的存量和分布特点，创建适合河南农村集体经营性建设用地入市模式。

6.2.1 确立农村集体经营性建设用地入市原则

（1）坚守土地公有制性质不改变、耕地红线不突破、农民利益不受损三条底线。维护农民权益，充分尊重农村集体经济组织的市场主体地位，农村集体经营性建设用地是否入市，以什么形式入市，均由农民集体资源决定，政府做好管理和服务，实现好、维护好、发展好农民土地权益。

（2）坚持循序渐进，审慎稳妥推进。根据既有条件，结合实际，大胆尝试，注重协调配合，国土、规划、财政、税务、金融等相关部门密切合作、统筹推进、形成合力，按程序审慎稳妥推进试点工作，注重积累可推广、可复制的经验。

（3）坚持“封闭运行、风险可控”的原则。只允许试点行政区域集体经营性建设用地入市，非经营性集体建设用地不得入市。入市要符合规划、用途管制和依法取得的条件。入市范围限定在存量用地。同时需建立健全市场交易规则、完善规划、投资、金融、税收、审计等相关服务和监管制度。

6.2.2 明确农村集体经营性建设用地入市的条件和范围

（1）界定农村集体经营性建设用地。农村集体经营性建设用地是指存量农村集体建设用地中，土地利用总体规划和城乡规划确定为工矿仓储、商服等经营性用地的土地。根据 2014 年土地变更调查成果，确定存量农村建设用地的数量和分布。依据县、乡两级土地利用总体规划和现有城乡规划、村镇规划，将规划与土地变更调查成果套合确定农村集体经营性建设用地。

（2）确定集体经营性建设用地入市的主体与对象。集体经营性建设用地入市的主体为集体经济组织（股份经济合作社、土地专营公司等土地中介机构）；流转的对象为企业或个人等市场主体。

（3）权属合法、四至清晰、没有纠纷。首先要实地勘测，摸清家底，尊重历史传统，明确“权属合法，界址清楚，面积准确，材料齐全，无争议”的农村集体经营性建设用地所有权、使用权；通过土地登记确权颁证，厘清乡镇、村、村民小组、农民个人四类主体的产权界限；不搞“一刀切”，避免产权主体虚置与权能重叠。入市的农村集体经营性建设用地要保证产权明晰、权能明确。

（4）集体建设用地不得擅自搞商业性房地产开发。对商业性房地产的土地供应总量要严格控制，集体建设用地不得搞商业性房地产开发，搞房地产必须先征为国有。

6.2.3 明确农村集体经营性建设用地入市途径

（1）就地入市。依法取得、符合规划的工矿仓储、商服等农村集体经营性建设用地，具备开发建设所需基础设施等基本条件、明确在本村直接使用的，采取协议、招标、拍卖或者挂牌等方式直接就地入市。

航空港区等产业发展平台建设已初具规模，已建成多个产业基地、工业园区或总部基地的区域，急需破解城乡二元结构、优化资源配置、促进城乡互动、加强乡镇统筹、盘活存量、扎实稳步推进农村土地有序流转，应采取就地入市模式。这部分区域应加快土地一级市场开发的进程，尽快完成对依法取得、符合规划的工矿仓储、商服等农村集体经营性建设用地拆迁扫尾工作，实现入市地块场清地平，为入市奠定基础，对已具备开发建设基本条件的，积极做好入市地块与本村已签约企业和意向企业项目设计方案的对接工作，采取协议、招标、拍卖或者挂牌等方式直接就地入市，为产业发展积聚空间，推进城乡一体化。

对于历史形成、已经合法使用的集体经营性建设用地也应采取就地入市的方式，由村集体经济组织按照不低于农村集体经营性建设用地出让底价的有偿使用标准，采取协议方式与土地使用者重新签订租赁或出让合同，明确土地使用价格和使用期限等。

（2）村庄内零星、分散的集体经营性建设用地到产业集中地入市。根据土地利用总体规划和土地整治规划，经试点地区上一级人民政府批准后，在确保建设用地不增加，耕地数量不减少、质量有提高的前提下，对村庄内零星、分散的集体经营性建设用地先复垦后，可按计划调整到本县（市、区）域的产业集中区入市。到产业集中地入市，涉及农村土地产权关系调整的，县（市、区）人民政府要做好政策指导。

一方面河南产业集聚区、各类专业园区、商务中心区等产业集中地人多地少，后备土地资源有限，又处在产业用地急剧增加的历史时期，农村集体经营性建设用地入市既是破解“三农”问题的突破口和节约集约用地的重要手段，也是统筹城乡发展的有效途径，这不仅将为产业集中地的可持续发展创造和拓展空间，也将为建设社会主义新农村、全面提高农民生活质量和生活水平提供抓手和保障。另一方面农村人均宅基地面积大幅超标，随着城镇化进程的加快，“空心村”现象严重。对于村庄内零星、分散的集体经营性建设用地位于土地利用总体规划和土地整治规划的拆旧复垦区，可经上一级人民政府批准后，在确保建设用地不增加，耕地数量不减少、质量有待提高的前提下，允许先复垦后，可形成集体经营性建设用地指标，按计划调整到本县（市、区）域的产业集中区。

村庄内零星、分散的集体经营性建设用地到产业集中地入市需经历复垦、验收、交易、使用四个环节，首先要以土地利用总体规划和土地整治规划为指导，在农民自愿、农村集体经济组织同意的前提下，对规划确定的扩展边界以外的农村建设用地实施复垦。经过复垦后，再由土地管理部门会同农业、水利、林业等部门，对复垦产生的耕地从质量和数量两个方面进行把关，确认腾出的农村经营性建设用地指标，腾出的指标只能使用对等的土地，不对等的需要通过折算实现对等。在试点期间，需要指标的本县（区）产业集中区村集体经济组织或县（区）人民政府，可与持有集体经营性建设用地指标的村集体经济组织以双方协议的方式进行指标流转，并将协议报县（区）国土资源局备案。通过试点进一步总结实践后，可采取协议、招标、拍卖或者挂牌等方式在产业集中地入市。经交易的集体经营性建设用地指标在办理农转用时，可以取代新增耕地确认书、计划审核意见书，并免收耕地开垦费和新增建设用地有偿使用费。

（3）城中村集体建设用地整治后集中入市。对历史形成的城中村集体建设用地，按照政府主导、多方参与的原则，依据经批准的规划开展土地整治，对规划范围内各类土地统一进行复垦、基础设施配套，重新划分宗地和确定产权归属。对不予征收的，在优先保障城中村居民住房安置等用地后，属于经营性用途的集体建设用地，由农民集体入市。在河南省典型的城乡接合部地区，要做好编制农村集体建设用地规划、搭建农村用地交易平台、集体建设用地确权登记颁证等基础性工作。对早年占用农用地发展工业形成的大量产业用地，按照“加强乡镇统筹，以盘活存量为主，提高建设用地集约化水平”的原则，由乡镇统筹对此类土地统一复垦，整合资源，实行房地分离，项目土地仍归村集体所有，地上商业产权交给投资商，村民既可以从投资商支付的“土地租金”中获益，又可以从商业项目收益中得到分红。各村还可以联合组建集体联营公司，代替村民对土地进行开发，吸引高端企业入驻，实现农民股权分红和就业双收益。

以“房地分离”为核心的城中村集体建设用地入市模式，在拆迁时进行土地确权并流转回村集体后，将使用权登记在集体联营公司负责经营，土地所有权仍归村集体，村民享受联营公司统筹分配的土地收益。在工业用地进行腾退的土地处置上，政府对农民和村集体应做出承诺，工业用地拆除和产业升级改造后，腾退土地集体土地所有权保证不改变，与此同时，由村集体出资，组建起一个集体联营公司，依据各村现在入股土地的价值所占比重，形成全镇统筹分配、农民受益稳定增长的长效机制。

6.2.4 农村集体经营性建设用地入市管理模式

（1）实行国有和集体土地统一管理模式。为落实党的十八届三中全会决定关于集体经营性建设用地入市的要求，河南省试点地区建立城乡统一的建设用地市场，建立“同权同价、流转顺畅、收益共享”的农村集体经营性建设用地入市体系。“同权同价”意味着农村集体经营性建设用地享有与国有建设用地相同的权能，集体建设用地进入市场后，与国有土地纳入同一土地市场，实行国有和集体土地“两种产权、同一市场”统一管理的模式。

（2）建立统一的土地交易市场和社会服务体系。参照国有建设用地市场交易规则，制定集体经营性建设用地入市管理办法，形成城乡统一的建设用地市场交易规则，为农村集体经营性建设用地使用权流转提供政策咨询、信息发布、地价评估、交易代理、纠纷仲裁等相关服务。积极培育集体经营性建设用地市场交易中介组织，为入市交易提供地价评估、交易代理等服务。引导国有建设用地市场交易中介组织参与集体经营性建设用地交易中介服务。

（3）入市活动实施主体。入市活动由得到集体成员同意授权的实施主体申请开展，经乡（镇）人民政府审核，并由县（市、区）人民政府国土资源主管部门牵头审查后进行。其中入市土地属于村农民集体所有的，入市事项须经村民会议 2/3 以上成员或 2/3 以上村民代表同意。

（4）制定农村集体经营性建设用地基准地价。农村集体经营性建设用地价格实行以基准地价为参照的最低限价制度。入市地区根据区域经济社会发展水平、城乡规划与建设、土地市场状况等情况，制定并公布农村土地基准地价。农村土地基准地价的确立应在城市基准地价管理实践基础上，进一步拓展基准地价覆盖范围，建立城乡统一的基准地价体系。

6.2.5 建立兼顾国家、集体、个人的土地增值收益分配机制

（1）向国家缴纳土地增值收益调节金。农村集体经济组织以土地所有者身份，将存量建设用地经营性建设用地入市，农村集体经济组织取得收益时，应向国家缴纳土地增值收益调节金。集体经营性建设用地出让时的调节金按土地出让收入的25%收取，为鼓励采取招拍挂形式出让入市，以招拍挂形式入市的调节金按土地出让收入的20%收取，缴纳调节金后，无须缴纳营业税、土地增值税、契税等相关税收。以出租、作价出资（入股）等方式入市的，应比照国有建设用地出租、作价出资（入股）缴纳各项税费，在取得租金、股息、红利收入时，按照收入的15%缴纳调节金。

（2）健全土地增值收益在农村集体经济组织内部的分配机制与监管制度。

农村集体经济组织以现金形式取得的土地增值收益，按规定比例留归集体后，在农村集体经济组织成员之间公平分配。农村集体经济组织取得的收益应纳入农村集体资产统一管理，制定成员认可的土地增值收益分配办法，分配情况纳入村务公开内容，接受审计监督和政府监管。

7 河南省农村集体经营性建设用地入市对策和建议

7.1 重构经济组织，明晰主体权能

农村集体经济组织是产权载体，是土地所有者。随着我国农村经济的发展，当前这一经济组织已很少存在，即使存在也已不能正常行使经济职能，取而代之的是乡镇政府和村民委员会，因此，由各行政村全体村民选举代表，重构农村集体经济组织，利用一个具有完全经济职能的经济组织来行使产权交易，掌握、分配土地收益，更有利于农村集体经营性建设用地产权交易及经济效用的发挥。

依法合理界定集体土地所有权主体，是规范集体经营性建设用地入市的前提。《土地管理法》第八条规定："农村和城市郊区的土地，除由法律规定属于国家所有的以外，属于农民集体所有；宅基地和自留地、自留山，属于农民集体所有。"第十条："农民集体所有的土地依法属于村农民集体所有

的，由村集体经济组织或者村民委员会经营、管理；已经分别属于村内两个以上农村集体经济组织所有的，由村内各该农村集体经济组织或村民小组经营、管理；已经属于乡（镇）农民集体所有的，由乡（镇）农村集体经济组织经营、管理。”法律规定作为集体土地所有权主体的“农民集体”相对比较模糊，其实1962年通过《农村人民公社工作条例修正草案》以后，随着“三级所有、队为基础”的农业生产管理体制的建立，农村土地也逐渐过渡到以生产队的集体所有制为基础的乡、村、村民小组三级集体所有制。而村民小组是由既往的“生产队”演变而来的，作为农民集体的组织形式很不健全，而清晰的土地产权是土地交易市场规范化的前提。

确定集体土地所有权主体应以现有法律为基础，从农村实际出发，在稳定农村大局的前提下，进一步明确集体土地所有权主体。一是已属于村农民集体所有的经营性建设用地，包括已打破村民小组界限和虽未打破村民小组界限但已由村农民集体实际使用的土地，要进一步明确为村农民集体所有，由重构后的村农民集体经济组织经营和管理。二是已经属于乡（镇）农民集体所有的经营性建设用地，应依法确认为乡（镇）农民集体所有，由重构后的乡（镇）集体经济组织经营和管理。三是村内有两个以上村民小组的，各村民小组之间仍然保持着过去生产队时期的土地权属界线，并在各自的范围内具有占有、使用、收益、处分权利的，应确认村民小组为相应的集体土地所有权主体，并由重构后相应的集体经济组织经营和管理。

农村集体土地所有权证书，是保障产权主体权益的凭证。2014年底，河南省农村集体土地所有权登记发证工作已全部结束，发证率达到93%，农村集体建设用地使用权确权登记发证工作正在推进。加快农村集体建设用地确权登记，建立不动产统一登记制度，通过确权登记发证，明确土地所有权主体，增强农民对土地财产权的控制、流转以及收益的行为能力，为农村集体经营性建设用地的“公开、公平、公正”入市流转奠定基础。

7.2 界定入市范围，明确入市途径

（1）农村集体经营性建设用地入市范围的界定，尚有以下问题需要澄清：

《中华人民共和国宪法》有关“城市土地国有”的限制应予以打破，城市规划“圈内圈外”的集体经营性建设用地均可进入统一的城乡建设用地市场流转。可以想象在农村集体经营性建设用地入市政策实施后，在未来的城镇发展中，城市土地“国有”和“集体”两种形式将同时存在。这一范围的划定将直接决定集体经营性建设用地入市的力度和改革的深度，也将直接决定征地范围可以缩小的程度。

党的十七届三中全会通过的《中共中央关于推进农村改革发展若干重大问题的决定》，将集体经营性建设用地入市限定在“土地利用规划确定的城镇建设用地范围外”。党的十八届三中全会发表的《中共中央关于全面深化改革若干重大问题的决定》则取消了这一限定条件，此次改革试点亦未作此限制。而且从文件本意看，应解读为城市规划“圈内”的，除因“公共利益用地”需要外的农村集体经营性建设用地亦可入市。这样做一方面是从保护农民土地权益、统一城乡建设用地市场的角度出发。因为这些位于城郊的城市规划圈内的集体经营性建设用地，是农村土地中价值最高的部分，也是最能得益于这项改革举措发挥土地价值潜能的部分，将入市范围限定在城市规划圈外的做法有舍本逐末之嫌。不仅如此，划分“圈内圈外”的做法也缺乏可行性。一旦以“土地利用规划确定的城镇建设用地范围内”作为是否征收

的界限，必然导致各方主体极力影响这个圈的划定，使圈的划定异常困难，极有可能导致圈的范围被不合理放大，从而使集体经营性建设用地入市改革举措大打折扣。而另一方面，当前城乡公共福利供给存在较大差异，而且户籍仍然是区分就业、教育、住房、医疗、养老等公共福利的重要依据，让农民享有土地权利既是对现实中农业户籍与城镇户籍人口之间公共福利差距的平衡，也是在经历多年的不平等制度安排后社会财富分配适度向农民倾斜的需要。因此，当前推行农村集体经营性建设用地入市改革，应当充分解放思想，将城市规划圈内的集体经营性建设用地也纳入入市范围。

对农村集体经营性建设用地入市范围可界定为：①不限制城市规划“圈内圈外”；②现在的土地用途为农村集体建设用地，包括农村居住用地、农村公共服务及基础设施用地、村办及乡镇企业用地等；③符合土地利用总体规划和城乡规划，现状用途属于集体经营性建设用地的。同时符合以上条件的即可入市。

（2）关于集体经营性建设用地的入市途径问题。按照中共中央办公厅、国务院办公厅印发《关于农村土地征收、集体经营性建设用地入市、宅基地制度改革试点工作的意见》（中发办〔2014〕71 号文）规定：依法取得的农村集体经营性建设用地，可就地入市。对村庄内零星、分散的集体经营性建设用地，经试点地区上一级政府批准后，可按规划和计划调整到本县（市）域范围内的产业集中区入市。对历史形成的城中村集体建设用地，由政府主导，严格按照规划和用途管制要求，依照规定完善用地手续，开展土地整治，对不予征收的，在保障城中村居民住房安置等用地后，集体经营性建设用地可以入市。由于集体建设用地流转试点已经开展多年，再加上集体建设用地隐形流转早已大量存在，有些地方已经形成了相当数量的违法集体经营性建设用地和没有土地使用合法手续的土地使用权人，其形成原因和土地权利情况十分复杂，需要分类处理：

1）对于并非合法取得而且又不符合现行规划的，要依法予以处理，并根据违法程度、原因等情形决定是否适当给予补偿。

2）对于虽没有合法用地手续但符合现有规划的，准许通过补办出让手续并交纳出让金和相关税费的方式取得出让集体经营性建设用地使用权，合法取得的出让集体建设用地使用权可以进入二级市场流转。土地出让金作为集体土地所有权的收益由农民集体享有，税费则由国家享有。

3）已取得合法用地手续但不符合现有规划的，首先应尽量避免或者减少此类情形发生，如果确实需要调整规划并且导致原集体建设用地使用状况不再符合现有规划确有调整必要的，应当由集体收回用地使用权并给予补偿，而不能直接入市。调整后入市实际上是通过土地置换方式保障原土地使用权人的权利，是一种可供选择的变通的补偿方案，并且同样需要补办出让手续并缴纳出让金和相关税费取得集体建设用地使用权，方可入市流转。

7.3 做好相关工作，保障各方利益

农村集体经营性建设用地与国有土地一样进入统一市场，共同接受土地利用总体规划、城乡建设规划和建设用地年度计划指标的约束以及政府税收的调控，从而实现“同地同价”的目标，还要做好以下工作：

（1）制定土地征收目录，缩小土地征收范围。把“征收范围”严格限制在法律所规定的“公共利益需要”内，严格按照土地征收目录执行。同时规范土地征收程序，建立健全土地征收社会稳定风险评估制度、多层次多种形式的土地征收民主协商机制和土地征收矛盾纠纷调处制度，综合考虑当地经

济发展水平、人均收入情况等因素以及被征用土地所处区位和用途，合理确定补偿标准，完善被征地农民的社会保障体系。

（2）在农村集体经营性建设用地入市前，先要完善土地利用总体规划和城乡规划。农村集体经营性建设用地是指土地利用总体规划和城乡规划确定为工矿仓储、商服等经营性用途的土地，但是目前土地利用总体规划做到乡级，而城乡规划只是做到较大的、经济条件较好的乡镇，因此在确定某些乡镇和村内土地用途时缺乏依据。

（3）对转受主体的限制应尽可能打破界限，使用农村集体经营性建设用地不应受所有制和区域的限制。除国家法律明确规定必须使用国有土地的以外，一般经济组织和个人都可以选择使用农村集体经营性建设用地。

（4）合理界定农村集体经营性建设用地的权能。从集体土地所有权上直接派生的集体土地使用权可比照国有土地使用权，通过出让、租赁、作价出资或入股等方式取得，最高使用年限参照国有建设用地使用权年限；依法取得集体经营性建设用地使用权的权利人，在土地使用年限内，可将集体经营性建设用地使用权转让、出租、抵押，在县（市、区）土地管理部门办理相关土地登记手续，并按规定缴纳相关税费。落实建设用地的用益物权，保障土地所有者和使用者的合法权益。

（5）农村集体经营性建设用地入市，很大一部分将进入抵押融资渠道，为了发挥农村集体经营性建设用地作为资产的最大作用，同时也为了最大限度地保护各方权益，首先要在法律和制度层面明确抵押权权能，其抵押的实质是农村集体经营性建设用地使用年限内使用权；其次要赋予农村集体经济组织成员知情权、监督权；最后在涉及对农村集体经营性建设用地及地上建筑物进行司法裁决、拍卖时，法院和拍卖行要及时与国土资源部门沟通，由国土资源部门审理权属、核定地价后出具书面意见，然后才可以处置。

7.4 参照国有土地，完善价格机制

土地作为特殊商品进入市场的核心问题就是产权的明晰和价格的确定。截至目前，我国的基准地价体系相当不完整，虽然已经完成了城镇土地的分等定级工作，且城镇土地的价格体系（基准地价、标定地价、抵押价格等）已经形成，但占据建设用地半壁江山的集体建设用地使用权，由于产权本身一直未被承认，在价格体系上更是空白。因此可以说，集体经营性建设用地入市价格并没有法定的价格依据参考标准。由于尚未建立规范、有序的农村经营性建设用地入市交易市场，缺乏入市价格参考，贸然入市势必造成农村集体经营性建设用地收益流失。建立有效的农村集体经营性建设用地入市价格机制是保证入市顺利进行的重要环节。其内容包括以下两个方面：一是建立政府对入市价格的调控机制，如城乡统一的基准地价制度、地价公示制度、最低限价制度、地价申报制度等。二是建立价格服务机制，如建立统一的城乡土地交易信息网，使集体经营性建设用地入市交易价格透明化、公开化。因此，要将农村集体经营性建设用地推入市场，当务之急是要尽快明晰权利主体，推进不动产登记，建立相应的地价体系及地价评估体系。

在农村集体经营性建设用地入市前对资产价值进行评估，一方面可以为城乡统一土地市场的建立和发展提供地价标准和宏观导向；另一方面也是实现地产公平交易、合理征收土地税费的基础。当前集体土地市场正处于起步阶段，有意识地根据当前国有土地流转市场的经验，为集体经营性建设用地入市市场价格形成机制的建立创造条件是当前准备工作中必不可少的内容，同时也是建立城乡统一土地市场的必然要求。因此，要在总结现有估价实践

经验的基础上，建立与当前国有建设用地定级估价技术规范与规程相适应的估价规则体系，为城乡统一的基准地价体系和土地交易市场的建立构建基础。集体经营性建设用地入市时，应由具备资质的地价评估机构进行评估确定。农村集体经营性建设用地初次入市应参照国有土地有偿使用的方式，明确使用权最高使用年限，再次转让年限为总使用年限减去已使用的年限。

7.5 加强公共参与，强化监督机制

农民是农村集体经济组织的成员，农村集体经营性建设用地入市要充分尊重农民的意愿，坚持农民自愿的原则。集体经营性建设用地使用权入市时，在同等条件下，应当由本集体经济组织村民代表会议 2/3 以上成员同意，优先确定给本集体经济组织内部成员。确定给本集体经济组织以外的单位或个人的，应当经过本集体经济组织村民会议 2/3 以上成员同意。

不论是土地入市过程还是增值收益分配过程，信息的掌握和公布尤其重要。要强化对集体经营性建设用地入市过程和入市收益使用情况的监督，确保财务公开、收支公开，避免出现集体经营性建设用地入市收益的随意使用以及被个别人控制的情况发生。农村集体经营性建设用地入市要公平、公正、公开地进行，广泛接受社会监督。在农村集体经营性建设用地入市过程中对涉及的表决情况、地块情况、审批依据、审批条件、审批内容、审批单位、审批责任人、入市程序、农地等级评定、土地价格评估、拍卖流程、拍卖结果、收益分配情况等信息公开。农村集体经营性建设用地确权登记是其入市流转的前提条件，也是农地价格显化的工具，为农地进一步市场化的价格评估和规范交易提供条件；对土地状况、审批情况和土地价格评估等的公开是

集体经营性建设用地进入市场公平交易的基础，为了避免政府“按需估价”造成的土地收益流失，应该完善具有独立市场地位的土地价格评估中介机构；分配方案是否公平合理，可以通过分配信息公开等方式实现对分配的监督。要充分尊重土地所有者和土地使用者的知情权、参与权、申诉权和监督权，自觉接受社会、政府和全体农村集体经济组织成员的监督和审计。

在农村集体经营性建设用地入市过程中，应对地方官员的政绩考核体制进行修正，改变单一的经济政绩考核机制，加大对社会公正、民众福利、环境保护等关系到民生考核指标的激励力度，让广大农民共享改革发展的成果。进一步完善地方行政权力的监督体制，强化各级人民代表大会、纪检监察对本级政府在农村集体经营性建设用地入市方面的监督职能，在不增加监督成本的同时加强监督成效。在入市过程中提高地方政府行政运作的透明度，通过行之有效的措施来规范和监督政府行为，同时，加大对政府代理人的经济处罚力度，在必要时甚至可以采取法律制裁的方式降低政府代理人的机会主义行为取向。

7.6 统一城乡市场，培育中介机构

市场化是实现农民土地权益的重要手段。采用市场化运作，允许集体经营性建设用地逐步进入市场，让集体经济组织代表农民作为市场主体一方直接参与市场交易。县（市、区）要建立规范的集体经营性建设用地入市服务中心，提高“招拍挂”出让土地的比例，以充分体现土地资源的价值，也有利于通过市场价格杠杆引导土地资源优化配置。为了推进农村集体土地的集约、高效利用，培育公正、公开、公平的有形市场，逐步实现以市场规则来

配置集体土地资产的目标，同时也为了拓宽建设用地的供应渠道，缓解用地压力，有必要参照国有建设用地市场交易规则，制定集体经营性建设用地入市管理办法，按照“同权同价”原则将集体经营性建设用地纳入统一的城乡建设用地交易市场。

充分利用国有土地市场运作的固有机制及信息渠道，真正实现两种产权、一个市场的管理。首先，要把好储备关。农村集体经济组织对集体土地资产进行经营管理，通过工业园区等建设，使存量建设用地达到一定保有量，以供应市场的用地需求；也可通过土地置换、收购等方式储备集体经营性建设用地。其次，要把好供应关。积极探索运用市场机制来促进农村集体经营性建设用地入市的有效途径，在土地有形市场，要逐步建立和完善公告、公示等制度，引入招标、拍卖等行之有效的供地方法。最后，要把好地价关。为了体现公正、公平、公开原则，入市价格应委托有资质的土地专业评估机构进行评估，并及时公开土地交易信息，同时，应及时合理核定土地增值额及应上缴的税、费。

由于土地的稀缺性、多用途性、多价值性等特征，使土地的价值难以在现有的市场条件下完全显化，市场机制也难以完全发挥作用，需要政府的宏观管理，规范集体经营性建设用地入市的办理程序。①入市申请，村委会、村民小组或乡、村、组集体经济组织到乡镇政府、办事处提出入市申请；②乡镇审查，乡镇政府、办事处就干群基础、信访稳定、权属来源等问题进行综合评定，并出具审查意见；③部门审查，国土、规划、环保、发改等相关职能部门出具部门意见；④民主表决，按照村党支部研究入市方案并提议，形成正式表决材料；⑤组织交易，国土资源管理部门报经地方政府批准出让方案，发布交易信息，组织公开交易；⑥办理证照，受让人到相关部门办理土地登记、规划、报建、验收和房屋登记手续等。

集体经营性建设用地入市应当符合规划、环保等要求，产权清晰，具备开发利用的基本条件。入市活动应当由得到集体成员同意授权的实施主体申请开展，经乡（镇）人民政府审核，并由县（市、区）人民政府国土资源管理部门牵头审查后进行。具备入市条件的集体经营性建设用地在进入城乡统一的建设用地市场后进行竞争性交易环节，签订交易合同，公开交易信息。开发利用应当符合用地、产业、环保等政策标准要求。转让、出租、抵押可参照国有建设用地有关规定执行。

积极培育集体经营性建设用地市场交易中介组织，一是利用网络、媒体等建立交易信息平台，加强不同地区之间的信息沟通，扩大土地入市信息范围，提高土地资源配置效率；二是为入市交易提供地价评估、交易代理、金融担保、土地保险、信贷抵押等服务；三是建立集体经营性建设用地后期服务组织，包括土地二级市场流通服务、土地托管、管理咨询、市场营销等，提高土地入市后的经营效益；四是引导国有建设用地市场交易中介组织参与集体经营性建设用地交易中介服务。

7.7 兼顾发展留存，合理分配收益

农村集体经营性建设用地入市收益的分配是规范入市的关键问题。我国法律规定，集体建设用地是农村集体经济组织所有的财产，农村集体经营性建设用地初次入市的大部分收益理应归农村集体土地所有者。但是农村集体经营性建设用地在入市收益中包含了地方人民政府投资基础设施、环境保护等产生的土地增值收益，而且确定合理比例适当收取土地增值收益调节金，可以实现土地征收转用与集体经营性建设用地入市取得的土地增值收益在国

家与集体之间分享比例的大体平衡，因此县（市、区）人民政府可通过收取土地增值收益调节金和税收分享部分集体建设用地入市收益，但分享比例不宜超过 20%。

农村集体经营性建设用地入市收益分配比例可按照县（市、区）人民政府、农村集体经济组织、农民 1∶2∶2 进行分配，同时考虑到一般情况下入市地区的基础设施还需要进一步完善，县（市、区）政府可将该部分收益明确再用于该地区的基础设施建设和环境的改善。而农村集体经济组织取得土地收益按规定比例留归集体后，在农村集体经济组织成员之间公平分配。农村集体经济组织取得的收益应纳入农村集体资产统一管理，制定经 2/3 以上成员认可的土地增值收益分配办法。

在农村集体经济组织内部，应建立合理的土地收益分配机制和严格的集体资产管理制度。第一，土地收益要用于兴办集体公益事业、改善集体内部成员的生产、生活环境和条件，为集体成员建立医疗、养老、失业等社会保障制度；第二，在保证第一条完全实现并且本集体经济组织内部 2/3 以上成员同意的情况下可进行投资，使集体资产保值增值；第三，农村集体经营性建设用地入市收益应当在本集体经济组织全体成员的监督下，由村民代表进行管理。农村集体经济组织每年支出预算和重要支出需征得 2/3 以上成员同意，收入支出情况、年底财务决算和其他重大经济活动纳入村务公开内容，接受政府和审计部门的监督。

农村集体经营性建设用地在使用年期内再次入市的土地增值收益可按合同归土地所有者和原土地使用者分享。

7.8 保障农民权益，解决后顾之忧

我国在立法上的平等和现实社会中平等存在一定差距，要保障农民在农村集体经营性建设用地入市过程中与地方政府、集体经济组织平等的主体地位，可以从增强农民的参与权与社会保障制度等方面入手，加强法律知识在农村的普及与宣传，提高农民的平等意识、权利意识和参与意识，使他们明白自己是土地的主人，而不是被管理者。此外，加强农村集体经营性建设用地入市的政策宣讲，提高农民对农村集体经营性建设用地入市交易的知情权。

在法律上赋予农民稳定的土地使用权、转让权和收益权，让农民成为真正的农村集体经营性建设用地入市的市场主体。在农村建立专门的土地权益管理机构，进一步明确农民对于土地使用、转让、处理和收益的权利。允许农民在法律法规框架内，凭借土地使用权证探索多种形式的入市形式，例如，入股（即土地资本化），鼓励实行土地股份制，将农民的土地使用权转变为股份分红权，让农民真正享有土地收益权。

县（市、区）人民政府应制定农村集体经营性建设用地入市土地增值收益调节金财务管理办法、资金管理办法和监督管理办法，提高资金使用的透明度和使用效率。以收取土地增值收益调节金的方式对农村集体经营性建设用地入市收益进行调整，并且明确该资金应再用于本地区的基础设施建设和环境的改善。而农村集体经济组织掌握的农村集体经营性建设用地入市收益主要进行乡镇基础设施建设、公益事业发展、土地开发整理以及包括兴办企业在内的投资等，要为本农村集体经济组织成员谋求源源不断的直接或间接

的收益。建立健全农村集体经济组织内部资金管理办法，农村集体经营性建设用地入市收益原则上应优先考虑农民的社会保障，要为农民建立养老保险、医疗保险和教育基金等，其次用于兴办集体公益事业、改善集体内部成员的生产、生活环境和条件，在有条件并且本集体经济组织内部 2/3 以上成员同意的情况下可进行投资，使集体资产保值增值。要以规范资金管理为“抓手”，确保农村集体经营性建设用地入市收益在促进农村经济发展、农民增收和农村社会稳定方面发挥作用，最大限度地保护农民权益，特别是在收益分配上强调农民的权益，保障本集体经济组织成员的利益，始终把农民的权益放在首位，使农民的生活水平有所提高。

参考文献

［1］车裕斌，许林杰．集体建设用地入市的认知与意愿［J］．中国集体经济，2011（2）：9-11.

［2］陈美球．中国农村城镇化进程中的土地配置研究［D］．杭州：浙江大学，2002.

［3］陈贤秋．关于允许集体建设用地入市利弊的分析和思考［J］．今日南国，2008（3）：77-103.

［4］董佩琼．城镇化过程中农村集体建设用地流转问题研究——以河南省为例［D］．郑州：河南农业大学，2013.

［5］范常禄．集体建设用地使用权入市法律规制研究［D］．济南：山东建筑大学，2011.

［6］房绍坤．农村集体经营性建设用地入市的几个法律问题［J］．烟台大学学报（哲学社会科学版），2015（3）：15-22.

［7］冯青琛，陶启智．浅析农村集体经营性建设用地入市对城镇化的影响［J］．农村经济，2014（8）：36-40.

［8］符健敏．中国集体土地流转的法律问题研究［D］．武汉：武汉大

学，2011.

［9］高慧．集体建设用地流转研究［D］．武汉：武汉大学，2005.

［10］高洁．基于农民权益保护的集体土地流转研究［D］．北京：中国地质大学，2012.

［11］龚增彬，张利廉．关于集体建设用地使用权流转的探讨［J］．重庆建筑，2004（3）：40-42.

［12］顾海英，赵德余．农村集体建设用地流转的法律与产权问题［J］．农业经济问题，2003（10）：63-66.

［13］郭瑞雪．集体建设用地入市价值及分配研究［D］．北京：中国地质大学，2014.

［14］何嘉．农村集体经济组织法律重构［D］．重庆：西南政法大学，2014.

［15］洪宇华．上海市集体建设用地流转政策探索［D］．上海：复旦大学，2009.

［16］黄发儒．集体经营性建设用地入市路径思考［J］．中国土地，2015（2）：19-21.

［17］黄庆杰，王新．农村集体建设用地流转的现状、问题及对策［J］．中国农村经济，2007（1）：58-64.

［18］黄薇．同权同价有多远——对农村集体经营性建设用地入市的思考［J］．中国土地，2014（3）：25-27.

［19］黄小虎．关键在转变政府职能——依法保障农民土地财产权益之我见［J］．中国土地，2003（2）：21-22.

［20］黄小虎．集体建设用地入市，统一城乡土地市场［N］．东方早报，2013-02-09.

［21］黄少安．产权经济学导论［M］．北京：经济科学出版社，2004.

［22］江华，胡武贤．农村集体建设用地流转的动因与绩效研究［J］．现代乡镇，2008（6）：28-31.

［23］江伟，郭宇．当前我国农村集体经营性建设用地入市面临的主要问题及对策研究［J］．农业与技术，2015（11）：161-162.

［24］［英］科斯．社会成本问题［M］．高建伟，牛小凡，译．北京：经济科学出版社，2009.

［25］赖文浩．珠三角地区农村集体经营性建设用地入市的调研与思考［J］．国土资源情报，2015（7）：42-47.

［26］李金莲．集体建设用地流转研究［D］．长沙：湖南大学，2010.

［27］李琨．我国农村集体建设用地流转市场机制研究［D］．保定：河北农业大学，2009.

［28］李作峰．农村住宅流转法律制度研究［J］．山东省农业管理干部学院学报，2009（3）：31-34.

［29］梁燕．农村集体经营性建设用地入市路径选择［J］．农业科学研究，2014（3）：62-66.

［30］刘丽，张迎新．集体建设用地流转中政府定位不明、职能不清的原因分析［J］．国土资源情报，2003（11）：16-25.

［31］刘玲，邹文涛，林肇宏，等．农村集体经营性建设用地入市定价空间的经济学分析［J］．海南大学学报（人文社会科学版），2015（4）：51-56.

［32］刘守英．中国农村改革与发展 30 年：进程、经验及建议（上）［J］．经济研究参考，2008（31）：2-12.

［33］卢吉勇，陈利根．集体非农建设用地流转的现状、问题与对策

[J]. 国土资源，2001（5）：34-36.

[34] 陆红. 政府干预农村土地流转的法律问题研究[D]. 南京：南京农业大学，2012.

[35] 陆剑. 集体经营性建设用地入市的实证解析与立法回应[J]. 法商研究，2015（3）：16-25.

[36] 吕晓东，刘德方，王硕. 农村集体经营性建设用地入市流转经验及对黑龙江省的启示[J]. 现代化农业，2015（9）：18-20.

[37] 茆荣华. 我国农村集体土地流转制度研究[D]. 上海：华东政法大学，2009.

[38] 孟俊红. 集体建设用地使用权物权法建构研究——以“同地同权”为基础[D]. 上海：华东政法大学，2012.

[39] 牛宏. 城乡统一用地市场下农村集体经营性建设用地入市的思考[J]. 经济师，2014（9）：19-20.

[40] 彭建辉，杨珍惠. 集体经营性建设用地入市问题探析[J]. 中国土地，2014（11）：16-19.

[41] 彭文英，洪亚敏，王文尹，等. 集体建设用地流转收益及分配探析[J]. 经济与管理研究，2008（5）：55-60.

[42] 沙文韬. 中国土地开发权研究[D]. 上海：华东政法大学，2008.

[43] 沈子龙. 土地发展权中国化的路径选择[D]. 杭州：浙江大学，2009.

[44] 司艳丽. 论集体建设用地使用权流转的法律规制[D]. 北京：中国政法大学，2006.

[45] 宋小青，杨木壮. 农村集体经营性建设用地“入市”思考[J]. 中国土地，2015（4）：24-26.

[46] 宋志红．集体经营性建设用地入市改革的三个难点［J］．行政管理改革，2015（5）：38-43.

[47] 孙佑海．土地流转问题研究［D］．南京：南京农业大学，2000.

[48] 万健．集体非农建设用地流转制度研究——基于 SSP 范式的分析视角［D］．南京：南京农业大学，2010.

[49] 汪东，蔡屏．集体经营性建设用地入市法律问题研究［J］．中国房地产，2015（7）：29-32.

[50] 王宏娟，石敏俊，谌丽．基于利益主体视角的农村集体建设用地流转研究——以北京市为例［J］．资源科学，2014，36（11）：2263-2272.

[51] 王权典．农村集体建设用地使用权流转法律问题研析［J］．华南农业大学学报（社会科学版），2006（1）：131-139.

[52] 王淑华．城乡建设用地流转法律制度研究［D］．上海：复旦大学，2011.

[53] 王小映．论农村集体经营性建设用地入市流转收益的分配［J］．农村经济，2014（10）：3-7.

[54] 王晓霞，蒋一军．中国农村集体建设用地使用权流转政策的梳理与展望［J］．中国土地科学，2009（4）：38-42.

[55] 王忠林．我国农村集体土地流转制度研究——基于对山东省滕州市农村集体土地流转制度改革的考察［D］．青岛：中国海洋大学，2011.

[56] 吴春岐．我国集体建设用地流转制度研究［J］．中国房地产，2013（2）：9-20.

[57] 夏韵．“农地入市”法律问题研究［D］．上海：华东政法大学，2014.

[58] 项艺．农村集体建设用地流转研究［D］．长沙：湖南大

学，2010.

［59］徐航建，黄玉莉．对农村集体经营性建设用地入市的思考——以广西北流市为例［J］．南方国土资源，2015（9）：36-37.

［60］徐唐奇．农地城市流转中农民集体福利问题研究［D］．武汉：华中农业大学，2011.

［61］徐祥临．新中国三农问题60年：从古代走向现代［J］．中国党政干部论坛，2009（10）：14-17.

［62］杨子，等．农村宅基地使用权入市的农户意愿调查分析［J］．江苏农业科学，2014，42（11）：476-478.

［63］伊利．土地经济学原理［M］．北京：商务印书馆，1982.

［64］于建嵘．集体经营性建设用地入市的思考［J］．探索与争鸣，2015（4）：55-58.

［65］于潇，吴克宁，阮松涛．集体经营性建设用地入市［J］．中国土地，2014（2）：35-37.

［66］张鹏．农村集体建设用地流转机制与绩效研究——以浙江省湖州市为例［D］．杭州：浙江大学，2007.

［67］张雪琴，田萌．初探农村集体建设用地使用权流转中的产权制约问题［J］．资源与产业，2006（2）：14-18.

［68］张友安．土地发展权的配置与流转研究［D］．武汉：华中科技大学，2006.

［69］张志强．农村集体建设用地“入市”研究［D］．北京：中央党校，2010.

［70］郑风田．农村集体经营性建设用地入市四大问题（上）［N］．中国县域经济报，2015-01-26.

［71］郑风田．农村集体经营性建设用地入市四大问题（下）［N］．中国县域经济报，2015-01-29.

［72］周婧．关于集体经营性建设用地入市的思考［J］．华北国土资源，2015（2）：47-48.

［73］朱新华，马璐璐，张金明．农村集体建设用地的最适产权安排——一个新制度经济学分析视角［J］．经济体制改革，2010（1）：99-102.

［74］祝天智．．集体经营性建设用地入市与征地制度改革的突破口［J］．现代经济探讨，2014（4）：8-12.

［75］邹民生，乐嘉春．农地入市：折射土地产权改革多种信号［N］．上海证券报，2006-04-24.

［76］翟建松．集体土地市场化流转问题研究［D］．重庆：西南农业大学，2002.

［77］翟啸林．我国农村集体建设用地使用权市场化改革法律探讨［J］．法制与社会，2012（7）：217-222.

后 记

本书通过系统研究解决了以下四个方面的问题：①探索河南省农村集体经营性建设用地入市途径和模式。通过理论分析与实地调研相结合的方法，归纳了国内其他试点和先行地市农村集体经营性建设用地入市途径和模式，总结成功经验和存在的问题，结合长垣市农村集体经营性建设用地入市试点工作开展情况，提出符合河南省实际的农村集体经营性建设用地入市途径和模式。②农村集体经营性建设用地入市增值收益分配机制研究。尝试从土地增值收益主体、分配形式和数量、分配组织载体等方面构建收益分配机制，探讨市场机制、产权制度、政府规制在集体经营性建设用地入市收益分配中的作用。同时，提出了农村集体经营性建设用地入市主体包括地方政府、农村集体经济组织和农民参与土地增值收益分配的形式，以及河南省农村集体经营性建设用地入市增值收益分配的途径。③通过构建模型进行农村集体经营性建设用地入市权益主体行为及意愿分析。首先，分析相关利益主体（地方政府、村集体经济组织、农民、用地方）在集体经营性建设用地入市的行为特征和行为方式。其次，采用知情人访谈、问卷调查、二元 Logic 回归等方法，定量评价农户对集体经营性建设用地入市的接受程度和意愿，分析农户对集体经营性建设用地入市的认知、需求、接受意愿及影响因素，比较和分析农户对不同入市模式的意愿及利益分配期望。④提出河南省农村集体经营性建设用地入市对策和建议。通过深入系统的研究，将农村集体经营性建设用地入市纳入整个土地制度乃至经济体制改革的全局中，提出契合河南省省情的农村集体经营性建设用地入市政策建议，明确要从突破法律瓶颈、重构经济组织、界定入市范围、明确入市途径、完善价格机制、加强公共参与、强化监督机制、统一城乡市场、培育中介机构、合理分配收益等方面完善农村集体经营性建设用地入市的政策建议。

本书研究成果具有两方面意义：一是理论方面。本书通过对农村集体经营性建设用地入市历史演变的挖掘，探讨农村集体经营性建设用地入市的内在规律，提出相关的调控措施和立法建议，从而为在农村实现土地资源的优化配置提供理论依据。二是现实意义。本书提出河南省农村集体经营性建设用地入市模式与政策建议，为政府和自然资源管理部门制定土地政策、完善土地制度、解决农村集体经营性建设用地入市中存在的问题提供指导建议，对推动农村土地使用制度改革，加快城乡统筹科学发展具有重要的现实意义。

本书为河南省国土资源重大改革创新问题“河南省农村集体经营性建设用地入市研究”（项目编号：2015YGT01）结项成果。本书由河南省国土空间调查规划院国土空间规划所所长、高级工程师潘涛担任主编，河南财经政法大学罗颖副教授，河南省国土空间调查规划院葛丽玲高工、王争艳高工，商丘职业技术学院讲师潘裔莎担任副主编。潘涛提出了本书的基本框架和基本思路，确定了本书的写作提纲，组织协调撰写、编辑和校对工作，修改并审定了全部书稿，副主编和其他编辑人员协助主编做了大量撰写、校对工作。参与本书撰稿的人员有：第 1 章，罗颖、王争艳；第 2 章，罗颖、葛利玲；第 3 章，潘涛；第 4 章，潘涛；第 5 章，潘涛、潘裔莎；第 6 章，潘涛；第 7

章，潘涛。

本书在写作过程中得到了河南大学陈常优教授、梁流涛教授、翟彬副教授，河南省自然资源厅乔小雨处长，河南省国土空间调查规划院王红军等院领导以及李保莲、康鸳鸯、贺传阅、刘晓丽、贺来喜、周静利的大力支持和无私帮助，在此一并表示感谢。

本书探讨的农村集体经营性建设用地入市是当前我国乡村振兴和农村区域经济发展所面临的热点和难点问题，由于水平有限，书中难免存在不足与疏漏之处，恳请广大读者批评指正。

潘　涛

2022 年 9 月于郑州